梦山书系

教师专业伦理素养译丛

主编/王 凯

The Moral Base for
Teacher Professionalism

教师专业素养的道德基础

[美] 休·索科特 著
Hugh Sockett

王 凯 译

海峡出版发行集团 | 福建教育出版社

图书在版编目（CIP）数据

教师专业素养的道德基础／（美）休·索科特
（Hugh Sockett）著；王凯译. —福州：福建教育出版社，2018.9
（教师专业伦理素养译丛／王凯主编）
ISBN 978-7-5334-8207-7

Ⅰ. ①教… Ⅱ. ①休… ②王… Ⅲ. ①教师—职业道德 Ⅳ. ①G451.6

中国版本图书馆CIP数据核字（2018）第184352号

The Moral Base for Teacher Professionalism，by Hugh Sockett
First published by Teachers College Press, Teachers College, Columbia University, New York, New York USA. All Rights Reserved.
本书中文简体翻译版权由福建教育出版社独家出版并限于中国大陆地区销售，未经出版者书面许可，不得以任何方式复制或发行本书的任何部分。

教师专业伦理素养译丛
主编 王凯

Jiaoshi Zhuanye Suyang de Daode Jichu
教师专业素养的道德基础
［美］休·索科特（Hugh Sockett）著　王　凯　译

出版发行	福建教育出版社
	（福州市梦山路27号　邮编：350025　网址：www.fep.com.cn
	编辑部电话：0591—83779615　83726908
	发行部电话：0591—83721876　87115073　010—62027445）
出 版 人	江金辉
印　　刷	福州泰岳印刷广告有限公司
	（福州市鼓楼区白龙路5号　邮编：350003）
开　　本	710毫米×1000毫米　1/16
印　　张	13.25
字　　数	196千字
插　　页	2
版　　次	2018年9月第1版　2018年9月第1次印刷
书　　号	ISBN 978-7-5334-8207-7
定　　价	35.00元

如发现本书印装质量问题，请向本社出版科（电话：0591—83726019）调换。

中文版自序

在一个日趋复杂且急剧动荡的世界里,教师与教师教育者的工作显得尤为重要。在这一世界中成长的青年可能缺乏强烈的自我认同,不知道他们是谁,也不知道为了什么而担负责任。因而,教师工作不只是教授某些科目,而应帮助青年男女进入稳定的成熟期。

本书旨在表明,我们的教师应该以道德的角色审视自身。我们已过度地强调了教学工作的技术方面、学习理论、发展理论,以及类似于刺激—反应理论的心理学观念。我们需要将道德角色植入教学实践。我们难以想象,有质量的课堂教学也会经常出现诚实与欺诈的问题,无论它们是否属于不同类型的欺骗行为,或是否承认错误,或是否仅仅是告诉事实的问题。教师的这种角色也在树立标准:教师应该如何赢得学生的信任?缺乏信任会造成何种危害?平等而公正地对待学生具有什么样的复杂性?

高素质的教师总在反思上述及其他问题。好的教师常常意识到课堂及其中所有个体的复杂性。有些教师会以比较正式的方式表达他们的经验。比如,定期写日记与体会,或者采用召开教师会议的办法,促进教学改善。为了提高教学质量,不能只是通过测量学生的学习结果来评估教学。美国麻省理工学院的唐纳德·舍恩(Donald Schön)写过两本好书(1983,1990)。其中一本的书名是《反思性实践者:专业工作者如何在行动中思考》(*The Reflective Practitioner: How Professionals Think in Action*),这本书催生了大量有关教学活动的理论与实践经验。这本书指出,教师通过对自己学校或课堂的研究,采用发现问题、研究问题的方式,尤其在同伴小组合作研究中能认识自己的工作，形成自己的知识（具体实例，参见 Sockett 等，2002）。

舍恩指明的路径引导我们提出这样的问题——什么是教学知识？传统的观点将理论与实践分离。研究者生产有关教学的理论，实践者在课堂中应用理论。这种观点应用到有关课堂的教育研究中会产生诸多问题，其中最大的问题是抽象化（generalizability）。教学不能脱离情境，传统的经验性研究难以控制差异性，因而我必须从其他地方获取教学知识：不是从外在于情境的研究，而是从教师自身获取。倘若教师仅从技术、理论应用于实践的角度审视自己的角色，那将极大限制经验和教学实践中的知识来源。本书希望将道德哲学或认识论作为主导性学科，以代替教师和教师教育者心中心理学的主导地位。通过这些学科，教学知识才有可能得以发展。本书的基本观点是，教学从根本性、决定性、普遍性的意义上讲是道德而非技术的活动。

本书写于 1993 年。2012 年我出版了第二本有关的书，书中讨论的是作为品性的德行如何整合到传统的知识中去（Sockett，2012）。这本书更为深入地探讨了核心德行，以及在学科教学中，理智德行和道德德行何以必要。我希望本书能在中国的教师和教师教育工作者中激起广泛的讨论，毕竟，教学是道德的世界（moral universe）。

参考文献：

Schön, D. (1983). *The reflective practitioner: How professionals think in action*. New York: Basic Books.

Schön, D. (1990). *Educating the reflective practitioner: Toward a new design for teaching and learning in the professions*. San Francsco, CA: Jossey-Bass.

Sockett, H., DeMulder, E., LePage, P., & Wood D. (Eds.). (2002). *Transforming teacher education: Lessons in professional development*. Westport, CT: Bergin and Garvey.

Sockett, H. (2012). *Knowledge and virtue in teaching and learning: The primacy of dispositions*. London and New York: Routledge.

目录

导言 ··· 1

第一章 教学专业素养的道德核心 ··············· 7
一、专业素养的类型 ··· 7
二、专业素养与专业化 ··· 15
三、教师：类型的视角 ··· 18
四、专业素养的道德核心 ······································· 20
五、专业素养的四个维度 ······································· 24

第二章 专业发展与专业共同体 ··············· 26
一、分裂的专业：学者、学校实践者和管理者 ········· 27
二、专业共同体的发展 ··· 32
三、专业教师的生涯：谱写生活 ······························ 37
四、专业共同体中的新教师培养 ······························ 45

第三章 反思性实践者的专业共同体 ··············· 50
一、反思性实践者的专业发展 ································· 52
二、行动研究：专业共同体的一种研究模式 ············ 60
三、专业中制度和个体的协作 ································· 65

第四章 专长即德行 ··· 72
一、诚实与欺骗 ··· 73
二、勇气 ·· 80
三、关爱 ·· 88
四、平等 ·· 92
五、实践智慧 ··· 96

六、这些德行可以整合吗? ………………………………… 98
第五章　专长与实践认识论 ……………………………… 100
一、论点概述 …………………………………………… 101
二、教育理论及其与实践关系的不同观念 …………… 103
三、知识与实践的应用科学观的三种困境 …………… 106
四、实践认识论的条件 ………………………………… 110
五、专业实践的认识论 ………………………………… 111
第六章　教育实践的专业准则 …………………………… 120
一、关于职责的两种论点 ……………………………… 122
二、职责和道德职责 …………………………………… 124
三、信任的重要意义 …………………………………… 126
四、专业职责的基础 …………………………………… 130
五、专业的实践指导准则 ……………………………… 132
第七章　专业理想和专业角色 …………………………… 140
一、服务的理想和教师个体 …………………………… 141
二、需要一种专业的理想 ……………………………… 150
三、父母代理人是专业教师的理想角色 ……………… 151
第八章　通过教师专业素养实现教育转型 ……………… 170
一、社会与教育变革 …………………………………… 170
二、教育转型的挑战 …………………………………… 172
三、结语 ………………………………………………… 184

参考文献 …………………………………………………… 186
译后记 ……………………………………………………… 206

导　言

本书的核心目标是，将教师的专业角色、从教的男男女女、教育提出的道德要求、教学的实践技艺（practical arts）和教育制度及其当代问题连接起来，提供一种有关教师专业素养基础的广泛的道德视野。

四种要素支撑了这种视野。（1）我认同霍伊尔（Hoyle，1980）对专业素养（professionalism）和专业化（professionalization）的重要区分，前者关注某个人的专业实践质量，后者涉及职业的地位。（2）我还在类型的意义上使用教师这一术语，专指所有那些参与专业活动，以可见的教育目的帮助他人学习的人，换句话说，就是对作为人的个体学习者的成长，以及他或她掌握所教知识的关心意识。（3）然而，我将专业人员定位为一种角色。与以往将教学视为一种活动、行动或行为表现的分析不同，我所关注的是构成角色的系列（道德）权利与义务。（4）最后，我非常慎重地采纳女性主义立场和女性主义者的理论。我们需要意识到男性与女性有着不同的视角和期望，这种差异将对儿童的教育产生重要的影响。这也对机构的性质、实践的质量，以及个人与机构之间的关系结构有着深刻的意义。

然而，在本书的结构体系中，教学的道德基础通过专业素质的四个维度——共同体（community）、知识（knowledge）、职责（accountability）和理想（ideals）呈现出来。教师是共同体中的一员。共同体给予成员建立关系和理解活动的框架。在共同体中教师的职业生涯获得发展，生活得以形成。教师的知识或专长具有道德性，技术知识应服从道德尺度。因此，我拒斥教学科学，试图通过描绘实践的道德认识论（moral epistemology of practice），以代替经验主义的方法。这种以德行为基础的认识论，用道德的语言，刻画专业人员的专长，凸显这种人和这种角色的意义。此外，无论是教师个体，还是专业共同体，都直面对个体和公众所担负的专业道德职责。最后，如果专业人员看不到实践与（为他们服务的）理想和终极目的之间的相互作用，那么专业人员将无法理解他或她的道德角色。

第一章通过介绍三位教师拉开序幕。这三位教师将作为贯穿全书的实例。至为重要的是，本章区分了专业素养与专业化，提出了教师作为专业人员的类型化（generic）观点，初步评价了三位教师的专业素养。本章还概述了专业素养的四个维度——共同体、专长、职责和服务理想（the ideal of service）。这四个维度构成了本书的基本理论框架。书中所有教师都用了化名，其中一位教师是由我认识的两位教师合成的。

在第二章里，我阐述了统一专业因三向分裂所造成的种种难题，由此，联合统一的专业共同体在某种程度上已支离破碎。我们不仅缺乏统一的专业的意识，而且对于专业生涯发展表现方式，甚至课堂教学生涯发展的方式，也没有清晰概念。因此，我们不能明确专业发展的路径。专业发展与专业共同体密切关联，基于此，教学生涯发展的框架，及其对所有水平上专业发展的意义，才变得可以理解。对于统一专业而言，尤其在从新手到专业人员的培育过程之中，专业发展中伙伴关系的基本原则是迫切需要的。

第三章的讨论将从专业共同体移至教师专业的持续发展和研究的地位。硕士学位项目为教师的发展和改变提供极大的机遇。我认为我们需要严肃地重新评价这个项目，使该项目更好地满足专业共同体的需求，变成实践者和学术研究者的宝贵经验。行动研究（action research），作为一种研究类型，已经在教育之外的领域广为运用，为教师研究提供了方法上的历史基础。行动研究作为一种伙伴合作研究的范型，特别适用于联合统一的专业共同体。在行动研究中，每一位专业人员必须被看作以全部生命和专业生涯扮演某个角色的个体，他们需要的是解放，而不只是赋权。

第四章的主题是专长（professional expertise），后续一章还将讨论这一主题。我首先讨论了教师专业素养的道德品格，并试图阐明五类主要的德行

（virtue）为何应成为理解教学实践的中心。五类德行分别是，诚信（honesty）、勇气（courage）、关爱（care）、平等（fairness）和实践智慧（practical wisdom）。这五类德行并不排斥其他德行，但它们是主要的德行，且每类德行在教学活动中处于不可或缺的核心地位。教师教授真理，因而必须避免欺骗学生；学习充满困难，因而需要勇气；教师担负他人成长的责任，这一过程需要付出无尽的关爱；平等是在民主机构中履行规则所必需的德行；实践智慧是应对教学复杂过程的基本德行。

道德品格为一种不同的认识论提供了基础，这种认识论主宰了当前的教育理论。我们主要将专长描述为专业德行（如同社会实践形成了教学），而非某种知识。在第五章，我解释了为什么我将专长看作一种专业德行，并且通过概述有关理论与实践关系的四种观点捍卫上述立场，使得德行作为专长的观点立于教育研究领域。我指出，把教育理论看作应用科学，并以此作为教学知识基础的观点，存在三个难以克服的难题。我将涉险界定实践认识论的条件，特别是道德实践的条件。由此，基础性知识和行动中的知识被描述为应用于教学的实践认识论。这一章的论述不足以实现这一抱负。因为虽然我们质疑了教育中的认识论，描述了替代性的认识论，也诚然沿着正确的方向发展这种认识论，但是仍需要相当全面的论证。

我在第六章中转入对专业素养的第三个维度，即职责的讨论。此处，我明确提出了讨论专业职责问题的新思路。这种专业职责符合将教学作为道德工作的观点。我的思路可以减少对教师的行政要求，但强化他们的道德义务（moral obligation）。我提出了四个主要观点：（1）职责可以合理地理解为道德义务；（2）信任（trust）是加强专业职责的首要条件；（3）建立指导实践的专业准则（professional code），为形成与公众相一致的职责认识提供可能的载体；（4）专业职责上的道德立场是所有层次专业发展的核心关注点。

从根本上讲，所有专业存在的核心使命是增进人类的福祉。比如，健康、公正、教育。这些不同的理想规定了不同专业人员的作为。我在第七章中指出，教学就是发展人的服务的理想。倘若这种服务的理想被恰当追求，那么教学需要不断的变革与改进。但是，即使教学能够起到指导与促进人发展的功能，这种理想作为一种可欲的善（desirable good）却是难以实现的。对理想也存在多种不同界定。人类在追求理想的过程中，不断丰富对自身可能所是的理解，在学习扮演不同角色的过程中发现新的理想。我在本章的第二部分聚焦于教师代理父母的理想角色（the ideal role of in loco parentis），及其在性别上有趣的意涵。我考查了一个虚拟的、艰难的两难困境。这个困境反映了这种角色理想的问题。我也从家长择校的意义的背景方面，以及从教师个体道德的视角审视了代理父母的角色。其目的是表明，道德讨论，尤其是对终极目的的讨论，应处于教学的核心位置。

最后，在第八章中，我将教师专业素养的讨论置于当代背景下。我指出这种背景是教育转型，而非教育改革。我认为我们可以应用概念转型、反思性教师研究、团队与伙伴合作的新观念、专业与机构的新型关系、转型性教育领导，以及教师教育转型的工具与资源。最后一点特别需要从道德与理智方面加以认识，培养关心的品质，关切性别与种族问题，这对道德的专业人员的发展至关重要。

我是旅居美国的英国公民，我是男性白人。我愿意在美国继续我的职业生涯，度过余生。在我批评美国机构或提出改革建议的时候，我也意识到我的身份，我并不是说我之前生活的国家的机构完美无缺。全然不同的是，我在本书中所提的大多数批评也可适用于英国。美国对我而言至关重要，我所做的批评源于一份关切和一种分担的责任，而非某种博人眼球的优势。我认为教育者，无论何种身份与职位都应关心学生，无论身处何处都应尽最大可能增进学生的福祉。对于我而言，这种关心超越一切。因此，我认为本书提出的教师专业素养议题是跨越国界的，尽管在本书中美国的机构为这一议题提供了分析背景。

从传统的意义上讲，本书对于我而言并非学术作品。我认为所有教育者都应审视教育的核心问题，思考这些问题对他们自身的意义，寻找他们认为适合本地情况的解决办法。目前，我正在创建两个不同的机构。对我来说，这些机构就是思想的具体化。第一个机构是教育应用研究与发展中心（The Center for Applied Research and Development in Education），它致力于教师合作、解放与教师知识的研究（Sockett，1989）。第二个机构是教育转型研究所（The Institute for Educational Transformation），该机构通过广泛的伙伴合作促进我在第八章所描绘的教育转型。我还是上述两个机构的教育研究生院的教师，因而我有描绘教育转型的大学背景。我把自己与他人视为同道，开展持续实验，提高教师专业素养。为了我们所有的人，而致力发展新的角色、新的产品、新的系统、新的路径和新的经验。

我敏锐地觉察到本书还有诸多未尽之事。比如，我尚未关注批判理论家（critical theorist）的研究。我主要是从教师专业素养的方面论述教学的道德基础，论证这一基础是否可提供一种概念框架，以此提出有关共同体、专长、职责和理想的新观念。简言之，无论我的具体论述是否正确，我关心的是我的思路是否有价值。倘若有价值，我也并不指望自己做出了正确回答，而是关心我是否在这一思路框架中提出了正确的问题。

我在不同国家的教育实践，以及众多教师，为我思考本书的主题提供了助力。我自1987年来到乔治梅森大学，便有机会从事促进教师专业素养提高和建立伙伴关系的工作。对我来说，这两个方面对于改革公共教育至关重要。从事这些工作让我倍感荣幸，它让我获得报酬，并满足了研究兴趣。在过去超过三十年的职业生涯里，我有幸与诸多特别的教育者共事。理查德·彼得斯（Richard Peters）是一位令人感到愉悦的教师。他几乎依靠自己实现了英国教育哲学的转型。保罗·赫斯特（Paul Hirst）、劳伦斯·斯腾豪斯（Lawrence Stenhouse）和菲利普·杰克森（Philip W. Jackson）也曾对我的研究工作产生不同的重要影响。与他们建立友谊关系，我荣幸之至。

还有其他一些友人对我的思考做出了贡献。他们是，拉里·鲍恩（Larry Bowen）、比尔·科克可罗夫特（Bill Cockcroft）、玛丽琳·迪莫克（Marilyn Dimock）、约翰·埃利奥特（John Elliott）、托德·恩都（Todd Endo）、吉姆·芬克尔斯坦（Jim Finkelstein）、肯·格林（Ken Green）、山姆·赫利尔（Sam Hellier）、桑德拉·霍林斯沃斯（Sandra Hollingsworth）、巴里·麦克唐纳（Barry Macdonald）、理查德·普林（Richard Pring）、比尔·佩普尔（Bill Purple）、保罗·雷尼尔（Paul Regnier）、安·斯夫西科（Ann Sevcik）、

肯尼斯·斯特莱克（Kenneth A. Strike）和温迪·阿特维尔－瓦齐（Wendy Atwell-Vasey）。我非常感谢东安格里亚大学授予我1986年的学术假，以及芝加哥大学本顿中心接纳我为访问学者，并允许我在不同的研讨会上尝试提出本书中的观点。我还要感谢凯西·伊斯顿（Kathy Easton）、大卫·伊夫林（David Evelyn）和弗朗索瓦兹·阿尔贝罗拉（Francoise Alberola）允许我使用他们的经验作为案例。

本书中的部分内容曾发表在《课程研究学刊》《剑桥教育学刊》和《哈佛教育评论》等学术期刊上。具体内容参见注释。第六章是在《职责、信任和实践的伦理准则》一文的基础上经大量改写而成的，原文收录在约翰·古德莱德（John Goodlad）、肯·斯洛特尼克（Ken Sirotnik）和罗杰·索德尔（Roger Soder）主编的《教学的道德维度》一书中。我非常感谢乔西—巴斯出版社（Jossey-Bass）允许我在本书中使用某些已刊印的材料。我还非常感谢师范学院出版社（Teachers College Press）的苏珊·里迪克特（Susan Liddicoat）和尼尔·斯蒂尔曼（Neil Stillman），这两位编辑不辞辛劳，任劳任怨。

没有我挚爱的妻子——安（Ann）的支持，这本书不可能完成。假如这本书里还涌动着某种传教式的热情，那一定是从我的父亲——本杰明·索科特（Benjamin Sockett）那里继承而来的。谨以此书向父亲珍贵的记忆致敬，同时献给我的母亲——桃乐西·索科特（Dorothy Sockett）。

第一章 教学专业素养的道德核心

我们经常能够回忆起学校童年生活里的那些好教师和坏教师。坏的教师慵懒不堪、心怀恶意、工作低效，常常令我们厌恶他们所教的科目，导致我们将自己没有学好数学或厌恶诗歌归因于某位教师产生的灾难性影响。好的教师却是工作高效、热情开朗，或热爱所教科目，也会把我们作为独立的个体，给予关心和平等对待。我们常常用善良和友好等词，甚至某些不同寻常的方式来表述这些品质。好的教学似乎包括艺术、技艺、职业和技术的元素（Gowin，1981；Greene，1986）。然而，我们需要思考教学，致力于澄清专业素养的标准，为新手教师提供指导，需要开发适当的评价方式，寻找改进的路径，让大众知晓我们秉持的立场。

一、专业素养的类型

不断地追求更高目标和最佳实践，是教学专业素养的核心。大多数教师，甚至大多数人都没有能力研究或记录教学。他们只是有时作为学生、参观者或教室里的专业学习者，目睹过好的教学（Elliott & Adelman，1974；Mohr & Maclean，1987）。我曾亲眼目睹过下面三位教师的教学。出于不同的原因，他们的教学让我敬佩不已，难以忘怀。在本书中，将他们的教学实践暂且作为一种专业教学的类型放在一起讨论，可以为我们讨论所有专业相关议题提供共同的基础。

(一) 辛普森夫人与道德教育

在一所1932年建成的学校，三十个五岁的孩子在铺着地毯的教室角落里，簇拥着伽布利里·约翰逊。伽布利里是一名师范生，她已经紧张地开始了教学工作，向全班学生讲述萧伯纳所写的《安德鲁克里斯和狮子》的故事。故事讲完后，学生们踊跃发言提问。教室外面，该班的正式教师辛普森夫人，正在与一位身着工作服的中年人攀谈。这位中年人正在给一扇门刷漆。这扇门通向环绕学校的一大片草地。故事结束后，孩子们在教室里忙碌着，开始写着或画着安德鲁克里斯及其冒险经历。辛普森夫人走进教室，与伽布利里简短地说了几句，便让全班学生注意听她讲话。作为亲历者，以下是我记下的她说过的话。

"早上汤姆斯先生已将新门刷漆了，"她非常缓慢地说道，"我想在油漆未干之前，我们不应该靠近它。有谁能告诉我这是为什么吗？"

有一两个孩子小声说着话。不久，几只手举了起来。

"老师，因为我们的衣服可能沾上油漆。"

"对呀，莎拉，但又有什么关系呢？"

"因为我的裙子会很脏，我妈妈需要洗掉它。"

"是的，"老师说道，"莎拉是对的，如果衣服沾染油漆，妈妈就要去洗衣服，是不是？"不同的声音也加入进来，说着各自妈妈的洗衣习惯。一位想当粉刷工的孩子还说道："粉刷工的衣服会变得很脏。"

"但那是工作装，"辛普森夫人立即指出，"就像你粉刷时穿着的工作服一样，是不是，维尼？为什么你们认为不要靠近油漆，还有哪些其他原因？"

"因为希金斯夫人（校长）会不喜欢。"另一个孩子说道。

"因为门会被弄得很脏的。"另一个叫伊冯的小女孩说道，她站在老师的身旁，用手臂护住耳朵，好像保护她免受自己的感叹所造成的惊吓。

"这有什么关系呢？"老师说道，"以后门一定会脏的。"

"哦，也是，"伊冯回答道，"但是粉刷工的工作被破坏呀。"她更自信地说道。

"希金斯夫人也希望我们保持走廊干净整洁。"凯文加了一句。

"对的，"辛普森夫人说道，"我们希望保持这扇门清洁，是吗？或者我们的衣服被油漆弄脏，妈妈得去洗它，粉刷工的工作被破坏，走廊也不干净不整洁，我们就不能尽情享受快乐时光。你懂了吗，保罗？对吗，雷斯利？还有谁不懂吗？"大家小声说懂了。"谢谢你，约翰逊小姐。"她说完就走到走廊去了，留出时间让孩子们将他们想像的蓝色狮子和红色安德鲁克里斯画到纸上。

这是一个典型的四五分钟的道德或社会教育的片断，对孩子来说直接而简单，关注可能涉及的所有利益相关者，母亲、粉刷工、学校和所有人。使用"我们"这个词，不仅具有启发性，而且也强调了共同体的观念。教师基于孩子们的回答提出自己的看法，不是去批评那位想做粉刷工的小捣蛋，而是根据他的回答谈论自己的观点。整个过程没有纪律和秩序问题。表面看上去也如此容易。学生自信、从容、简练，毫无准备的提问，表现出民主公民和道德能动者（moral agency）的主要特征，即关心我们和他人的利益。显而易见，她的日常专业工作已形成了模式（pattern）。

辛普森夫人的行为表现出对道德的清晰理解，以及把握教学时机的教育敏感性。她的行为体现了如何将"任何学科的基础内容以某种方式教给任何年龄的任何人"（Bruner，1974：12）。我非常幸运地能在教室的后面观察伽布利里的见习教学活动时，目睹了这样一次非常专业的教学实践。我询问了伽布利里自己是如何思考辛普森夫人的所言所行。她除了提到辛普森夫人告诫学生不要沾染油漆之外，想不起其他内容。伽布利里作为一名实习教师，没有经验，不知道什么是最好的教学实践，也可能注意力集中在我身上，把我视作"心怀敌意"的观察者、评估者。虽然伽布利里有能力执教，但是她缺乏以学习者的眼光审视他人教学的意识。

辛普森夫人是专家型教师。她出色地回应了某些人的观点，并做出绝佳的示范。那些人以为当老师很简单，或教师无需培训和持续反思实践。专家型教师的专业素养表现为一种能力，即根据精选的提问构建学习经验，慎重对待每位儿童的回答并加以利用，从共同体的责任而非纪律管束的角度思考问题，借助理性而非权威来发展儿童的心智。这种素养可以概括为包含道德考量的精湛教学技艺（excellent technique with moral concern）。

（二）汤姆·斯蒂文森与历史教学

我的同事汤姆从事专业活动已有时日。他似乎总是能以简洁的方式，让学生对历史课程中的任何内容痴迷不已，兴奋不已。无论学生未来的抱负是什么，汤姆都能不费太多精力教好学生，而且总是显得轻松自如。他曾在几节课里讲述希腊人。他一走进教室就问道："这里有人会讲希腊语吗？"学生一脸迷惑地看着他，以为他疯了（他们并不知道他已成竹在胸）。接着，他问了学生一些可供讨论的问题。每当一个与希腊语有词源关系的英语单词出现时，他就会写在黑板上，如 cinema（电影院）、camera（照相机）、photograph（照片）、politics（政治），等等。最后，他得出了一个结论，"如果你会说英语，你一定会说希腊语"。

尽管他是研究日本问题的专家，但也精通伊丽莎白时代的历史。我安排他上一节有关西班牙无敌舰队的课。1588年西班牙菲利普二世用这支庞大的海军入侵英格兰，最终以失败告终。授课班级属于典型的彼此关系疏远的群体，学生都有14岁了。在去教室的途中，我问他如何导入授课主题。"不知道，"他回答道，"虽然我已经有了详细的教案，但是我今天准备放弃它。我需要想些办法让学生体验这个主题。"于是，我期待有些表演，展示海战、刀剑火并、大炮轰鸣，以及伤兵的哀嚎。这些都是让这个年龄层次和能力水平的学生喜欢历史的常用方式。

"茵兹山在卡迪斯山的背后，"汤姆开始讲道，"安东尼奥，玛丽亚和约瑟·马拉拉的17岁的儿子。"在前20分钟里，全班被他深深地吸引住了。他从西班牙农庄里的一个贫穷孩子的角度出发，以一口模仿得比较糟糕的西班牙语口音，概述无敌舰队的故事。我们听到了安东尼奥如何在武力胁迫下被征召入伍，如何在西班牙的一艘大帆船上受训，如何获得牧师的庇佑，定期向圣玛丽亚祈祷。我们听到安东尼奥如何见到大将军（梅迪纳·西多尼亚公爵）生病与康复，以及如何喝酒过量，大海风平浪静，还有他如何像其他水手一样醉酒，并惊恐地看到英国纵火船在那天晚上袭击他们（这是无敌舰队第一次遭遇英国舰队的攻击）。当听到安东尼奥在黑暗中抓住"马德拉藤"，看见了"纵火船",在极度恐惧中跳过去,游到法国海岸边时,全班欢呼雀跃起来。

这只是无敌舰队中小人物的故事,不是英明或愚蠢的海军上将的故事。这是绝好的方式,让年轻人知道的不仅仅是故事,还有年轻人感兴趣的历史中的某个人物。在"西班牙水手"合作学习小组内,或在"英国水手"合作学习小组内,学生们多么轻而易举地学习和建构了自己的故事,故事里包含了准确的历史事实,如船上的人数、船舶的吨位、司令部的构成,以及航行的具体信息。

这也让学生们稍稍触及了历史学中的偏见问题,不同的角度产生不同的故事,不同的文化形成各自的历史。汤姆将学生分为英国和西班牙两个小组是非常好的教学法。汤姆文雅地将一系列主要的政治事件转译(Bruner,1974)给了几乎没有历史学识,学习动机微弱且没有学术抱负的学生们。辛普森夫人采用提问的方式将学生引入道德——这一人类基本的思维模式,而汤姆则用历史学上的天赋、学识,以及无限的热情阐明了我们可以通过我们的历史来理解自己最重要的方面,即我们理解故事,就会讲述故事。打动我的还有他的勇气,尽管对于一位年轻教师来说,他已经非常自信且成熟,但他还是时刻准备着去冒险。他总是寻求突破,但也时常失利,如果历史能活生生地呈现在学生面前,冒险也是值得的。

(三)伊丽莎白·贝克与学会不叫嚷

在我看来,辛普森夫人和汤姆·斯蒂文森是具有天赋的成熟教师,而伊丽莎白·贝克只是参与第三期学校实习的师范生。她表现出与困难搏斗的强大意志力,以及不断提高教育实践能力的责任感。

她教五年级的一个班,该班正式教师是奥尔德夫人。从伊丽莎白对奥尔德夫人和全班学生的观察笔记来看,学生学习成绩欠佳。学生阅读水平低,写作马虎粗心,手工作品缺乏创意,更有甚者,他们在阴暗和乏味的教室里学习,经受着持续而嘈杂的地震干扰。据伊丽莎白记录,奥尔德夫人总是提高嗓门喊话,提请学生注意。学生也向她叫喊,声音更大。伊丽莎白的记录上说,奥尔德夫人发明了这种办法,能一次性解决所有问题。但伊丽莎白不知道，如果噪音依旧存在，该如何解决。事实上，噪音一直存在，伊丽莎白尝试忽视噪音。她试着借口头疼，恳求全班安静下来。她下决心不用传统惩戒的方法，对她而言，这意味着自己已败下阵来。她试着播放音乐，吸引学生注意。她采用各种办法去迎合学生的趣味，虽然效果显著，但似乎没有改变嘈杂的状况。在两个星期里，她在自己的评估报告里，记述了每天采用新策略去降低噪音，每一次新的尝试之后，她都要进行激烈的批判性反思。最终，她告诉自己，"我已陷入怪圈，我一直在大喊大叫。我决定明天一整天不再提高音量说话"。

她在日志中记录那个星期一所发生的事情。就在午餐之前，奥尔德夫人（我们要求她在伊丽莎白讲课时不要出现在教室里）来到了教室，因为她听到了学生的吵闹声，但没有听到伊丽莎白像往常那样大声地回应学生。于是，她对着学生大声叫喊了一番之后就离开了。然而，如同伊丽莎白在周二晚上所写日志里说道，在整整一天里，孩子们必须走到她的跟前问问题（自从她只使用通常的音量说话），孩子们渐渐地开始要求其他人保持安静，以便能听到贝克小姐（即伊丽莎白——译注）所说的话。在星期三那天，伊丽莎白所做的第一件事，就是把全班召集到她的周围，静静地说道她将不再提高音量说话了，同时，她要求所有学生努力做到安静地学习。伊丽莎白之前尝试过这样要求学生，但没有取得成功。她这一次，依然故我，在更换上课科目，以及下课之后，都会向学生提出同样的要求，同时开始记录"噪音报告"。到了星期五的下午，班级噪音已经降下来了。她仅仅发出"嘘"声，班级就迅速安静下来。此后的三个星期里，我与她交流的数个小时，阅读了她的日志，观摩了她教一群忙碌而静心努力学习的孩子的过程。她具备做教师的优秀品质。我很荣幸能见到这样的一位专业工作者。对我而言，在她职业生涯的这个阶段，其优秀品质的核心是不断改进、自我批评，以及变换策略而不丧失原则的无可置疑的责任感。从方法上来说，她特别严谨。

(四) 品格、责任、学科、教学法及超越

出于偶然，我观摩了辛普森夫人和同事汤姆的教学，同时，作为评价者兼指导者，观摩了伊丽莎白的课堂，亲眼目睹他们的工作各具不同品质。所有教育专业人士都将对我努力记录的实践品质做出回应。假如你愿意这样理解，可以说每位教师都表现出对学生的强烈关心，以及责任与奉献。能看到每一个这样的教学时刻，我感到非常荣幸，同时我也从中受益良多。

观摩他人的教学几乎是一个自然的过程，从中我们可以学习如何做教师。我们可以从中挑选可以运用的东西，我们可以模仿某位教师的风格。我们通过观摩一位真实的教师，的确可以感受到焕然一新，当然，我们也能够通过二手材料来学习。比如，电影《为人师表》① 通过杰米·埃斯卡兰特的教育工作给予我们启发与激励，纵然他只是演员精彩演绎的角色而已（参见第四章对这部电影的更多评论）。记者也能观摩课堂教学并准确地为我们传达他对教师的认识，如同弗里德曼（Freedman, 1990）对杰西卡·塞格尔的记述所显现的一样。糟糕的是，许多专业教师从未观摩过同事的教学工作。教学的"孤立"特点似乎阻挡了通过亲自观摩来学习的机会。无疑这种机会能加强这一自然而然的过程（Kottkampt, Provenzo, & Cohn, 1986; Lortie, 1975）。进而言之，观摩他人的教学，或者合作共事是专业素养中不可或缺的一部分（参见第二章）。

辛普森夫人、汤姆和伊丽莎白为我们提供了专业教师的形象，体现了专业素养的四个主要范畴：品格（Character）、责任（Commitment）、学科知识（Subject）和教学法（Pedagogy，或者方法学知识）。

首先，每位教师个体的品格是专业素养中的关键组成部分。每位教师表现出不同类型的德行，比如，耐心、勇敢、果敢，或尊重儿童。我们往往沉迷于行为，忽视了教师的品格，也许我们认为这些判断是主观的、不科学的。然而，当我们忽视品格的时候，我们会错失更多的教学品质。事实上，如同里弗斯（Reeves, 1990）对约翰·F. 肯尼迪的行为与品格关系的研究所示：抓住一个人的品格是理解其行为及动机的关键。我认为，不在教学行为之中

---

① 《为人师表》（*Stand and Deliver*）是于1988年在美国上映的剧情片。影片根据真人真事改编，是表彰优秀教师的动人作品。——译注

描述这个人（person①），就不可能全面理解这位教师的行为。

其次，伊丽莎白和汤姆负起了改变和持续地改进的责任（committed to change and to continuous improvement）。对于他们而言，教师丝毫不能满足于一时的成就。教学的事业非常复杂，教育的个体也变化很快。如果追求教学卓越，那么对于专业人员而言，努力适应变化是不可避免的，因为课堂里现有的儿童决不是那些已离开课堂的儿童的复制品，他们是独特的个体，每个人都有自己的独特历史、个性、思考和难题。恒常不变的是努力做得更好，因此，持续努力是追求教学卓越所必备的习惯与条件。我们也不必为此感到不安，因为如同劳伦斯·斯腾豪斯（Lawrence Stenhouse, 1983）所言，生命中最值得去做的是未能企及的事情。每一个情境里都有潜在的挑战。

再者，辛普森夫人和汤姆表现出知识与理解的深度（the depth of knowledge and understanding），这是教师必须具备的，没有什么可以替代这些，缺乏这些意味着教师就是个骗子。汤姆对他的历史知识非常自信，他能用充满活力和合理的方式，转化历史知识，并以鲜活的方式展现于学生面前。辛普森夫人受过良好道德教育。她不仅仅是因为学校董事会的要求而"知道"应该教授社会责任担当或关心他人的道德价值观，这已经是她的知识和理解世界的组成部分。她所拥有的道德知识，虽然有别于历史、科学、数学或其他类型的知识，但是道德知识及对它的理解却是每位专业教师需要着重掌握的，就像以"谦逊转化"的方式掌握"学科"知识一样。

最后，以上描述的每位教师都具备较强的教学法专长（pedagogic strengths）。他们确实擅长"如何"教——提问、改编戏剧、课堂掌控，这些现代教学策略与技术令人如此着迷，以至于以牺牲教学中其他重要的事物为代价。教师工作中最难以琢磨的是"为什么他们在这个时候如此作为"，就像汤姆和辛普森夫人所表现出来的那样，似乎都是无法说明的内隐知识和见识。

我们还需要进一步讨论每一类实践的核心范畴和教师专业素养。这些范

---

① person 一词，在英语中包含有品格的意义，尤指具有某种品格的人。详见《朗文当代高级英语辞典（英英·英汉双解）》（第5版），外语教学与研究出版社2014年版，第1869页。——译注

畴和素养包括：品格、责任、学科知识和教学法（方法学的知识）。它们也是课堂行动的重要内容。但是它们并非全部的内容，教学专业素养包含更多。课后，教师还需要履行教师角色的要求，承担更多的责任，处理与同事、家长的关系。因此专业素养是用来描述教师履行全部的、复杂的角色的行为要求。我们应该超越课堂行为或课堂活动看待专业素养。公立教育需要教师不仅能够在课堂内在上述四个范畴上熠熠生辉，而且还需要他们与其他专业人士精诚团结、协作领导，在学校内承担更多的角色要求。教师也能为提出和实现教育愿景做出贡献，作为公民和专业人士化解复杂的政治分歧，担任教育的大众代表。这种超越课堂，进抵学校和公众的宽泛角色要求，在民主社会里显得尤为重要，因为教师是民主文明（democratic civilization）的主要传播者。

但是，提出这种关于卓越和教师专业素养的比较宽泛的观念，并非要求教师去成为社会工作者、牧师，以及咨询师，也不是提倡教师应承担超越专业的角色要求，表现出融合其他专业的技能。这仅仅只是鼓励教师超越课堂行为的局限，对合作的同事，以及学生家长负起应尽的责任。这种宽泛的理念是本书所有论点的基础。

二、专业素养与专业化

我观摩了上述教师的工作，发现了体现专业素养、卓越专业实践的范例（Downie，1990）。我认为，称呼这些教师为专业工作者是准确的。但是，这种专业工作者的称呼并不是描述他们的地位（status），即社区是否重视他们，他们获得多少工资，是否获得文书工作的支持，是否有带薪休假、额外福利、进修补贴，他们的专业是否自治。在我所勾勒的情境中，说他们是专业工作者，是在描述他们的实践，而非他们的地位。

专业素养刻画的是实践的品质。它描述某些职业的行为方式（manner of conduct），从业者在同事合作，以及处理与服务对象的合同关系、伦理关系的情境中，如何将他们的职责融入知识与技能之中。从业者角色范围内的所有行为均受专业具体标准的评判。而那些变动不居的系列标准正是认识、价值观、洞见和我们称之为专业素养的知识的集合。霍伊尔（Holye，1980）敏锐地将专业素养概念与专业化概念区分开来。专业化指某些职业（而非个体）获得专业地位的过程。当我们推进教学专业化时，我们改变的是教学的地位，而某位教师的专业素养显然仅涉及他或她的实践活动。

这种区分扎根于我们的语言与理解。比如，汤姆·斯蒂文森收入很高，担任部门主管。假如确有此事，用实际使用和表示地位的术语来称呼，他就是一位专业人员。也许有时他对女同事说出大男子主义的话，我们会自然而然地用什么词来评论他呢？显然是"非专业"，或"不专业"。我们指责他的话不专业与他的实践活动有关，而与他的地位没有关系（他依然享有相应的地位）。当我们在这种意义上使用"专业性"（professional）时，是把它作为专业素养的形容词。再举一例，假设辛普森先生是一位电脑科学家，他从未参与教师培训或从事教学工作。他的妻子邀请他教她班上的孩子使用电脑，这些电脑不久前刚送来。他教得异常精彩，我们可能会说他干得"非常专业"。同样，我们评论的是他的实践活动，而非他的地位。尽管我们可以准确地说他的教学非常专业，但事实上他没有任何专业地位。如同美国国家专业教学标准委员会（National Board for Professional Teaching Standards）所指出的，任何对卓越教学的总体追求并不直接涉及专业化议题，换句话说，它不涉及教师的地位，而是涉及专业素养、实践的品质。

专业实践会对专业地位以及相应的政治问题产生影响。专业——作为某种组织，无论是教学、法律，或牙医专业——均须思考实践、地位，以及如何通过设定专业标准保护专业地位的问题。有时，具有专业地位的某些职业的成员腐败堕落，工作低效，在专业实践中违背了专业的理念，例如律师被剥夺律师资格、牧师被解除神职、会计被吊销资格证。令人伤心的是，教师作为一个群体，却没有任何处罚措施来惩处那些行为完全违背专业要求的教师，就像1989年的时候，弗吉尼亚学校前校长向学生贩毒后仍旧能做教师。个人如此，组织亦然。组织形态的专业也会衰败，失于自我监管，或对专业工作所处的社会情境熟视无睹。

专业人员大致会坚信所属专业的目的。医学专业追求健康，法律专业崇尚公正，教学专业珍视教育①。专业人员希图公众认同相应价值观。倘若专业的基本价值观能唤起公众的支持，以及保障适当的薪酬，那么改进专业实践将维护专业承诺，提高专业地位。常见的危险在于，专业地位（如，薪酬）变成了专业实践改进的目标，而非相反，由此导致专业的公众印象糟糕透顶（Sockett, 1988）。事实也如此，一些学者也指出有些专业如此声名狼藉，以致人们不再讨论专业与专业素养，专业变得自我专断（Friedman, 1972; Gouldner, 1978; Illich, 1977; Sockett, 1989c; Steife, 1979）。由此来看，教学应该谨防变成那种专业，与之相较，毕竟教学还是存在重要的差异。虽然我们并不喜欢当前专业存在的方式，抑或我们不喜欢用专业一词，但是我们还是需要一些词汇或短语去区分两类不同的职业，一类职业的成员首先致力于提升实践品质、追求某种服务理想，另一类职业的目标则一味地功利化，其成员也如此看待该职业。无论是否选用专业一词，教学，在以此为业的成员心中，具有道德目的和服务理想。

发现专业实践（专业素养）和专业地位（专业化）之间差异，似乎对于提供一种概念框架，具有重要意义。这种框架有助于我们进一步厘清专业地位与专业实践的关系。虽然对于专业人员而言，专业地位至关重要，但是本书的焦点却是专业实践及其标准，以及内含于实践的专业素养。

---

① Education 一词在英语中，更多地作为一种评价词来使用，指称那些善的育人行为与活动。此处的教育不是描述活动的且包含教学的上位概念，而是用于评价、鉴别教学的价值概念。——译注

三、教师：类型的视角

约翰·豪斯曼（John Houseman）① 曾在电视剧《力争上游》② 中扮演一位顽固的资深法学教授。其中有段表演非常出名。一次，这位教授振振有词，对一群晚辈员工说："我绝不会成为一名法官或外交官，因为首先我是一名教师，你们明白吗？这种人向年轻人传授智慧。"豪斯曼所扮演的角色提出了类型意义上的教师，它不同于我们可能谈到的数学教师、课堂教师或大学教师等具体意义上的教师。

谁可以称得上是教师？本书所用的教师，是类型意义上的术语。格里芬（Griffin，1986）绘制了这种理想型的绝佳肖像。这个术语包括进入这种职业的所有人（无论是全职还是兼职），他们帮助他人通过学习达成可见的教育目的。这是指导教师实践的主要意图，但不排除他或她可能从事研究工作，管理机构，或从事其他任何工作。教师作为教育者首先关注的是学习个体作为人的发展，以及帮助他或她掌握传授的知识。从这个观点出发，大学院校的教育学教授、中小学校长和教育管理者，以及一线教师，都是教师，因而也是教学专业的公认成员（参见第二章）。（其他一些人也可能教别人，如，牧师、家长、护士。但是与教授和中小学校长却有所不同，因为教学不是他们职业的基本要求。）

芬斯特马克（Fenstermacher，1986）也将教学视为类型意义上的术语，但是他把教学看作描述个体行动（actions）、行为表现和活动的动词。我所使用的"教学"一词与他的上述分析互为补充，我聚焦于个体行动、行为表现和活动之中的教学的社会角色和专业性的职业。显然，这种用法是约定的，

---

① 约翰·豪斯曼（John Houseman，1902—1988），是美国极负盛名的演员，影、剧两栖，除了演戏外，还从事编剧、导演与制片等。——译注

② 《力争上游》(*The Paper Chase*) 是 1973 年美国导演詹姆斯·布里奇斯（James Brieges）以当年哈佛法学院的实际情况拍摄的一部电影，又译为《平步青云》。英文原文说该片是电视剧，有误。——译注

需要一些论证。

汤姆·斯蒂文森不仅是历史科目的一线教师,还是系部主任(这意味着他像我一样,需要承担对年轻教师的责任,指导同事,等等),扮演着积极管理学校的角色,比如,参与系部主任会议。他创立了联合国协会(United Nations Association),并作为一名教师希望该机构严谨地思考国际问题。他辅导学生,指导青年教师。他编排戏剧,在家长进校日演出。这些角色对所有教师而言,是多样化的,但是对于一名儿童来说,汤姆就"像一位父亲"。

一般情况下,汤姆的职业生涯发展可能会走另一条道路。他可能在担任数年助理之后成为一名校长,也可能提前获得博士学位,进入教师教育领域,还可能因为有管理经验而当上学监,最后在45岁之后回过头去开办一所规模很大的新高中。尽管他的职业生涯带着他远离课堂,但仍在本专业内介入不同的工作,他的专业仍是教学。

上述观点会招致反对意见,认为"教师"不是大学教授和学监所承担的角色,甚至人们通常不会把中小学校长称作教师。任何专业都有所属的研究人员、专家和管理者。司法部长是律师,但不是正式律师。卫生局局长是医师,但不是正式医师。但是如果这两类被任命者中任何一类曾是教师,尤其是一线教师,他们可能被称作正式教师。医师或律师成为医疗或司法系统的管理者和研究者,但没有终止专业工作,仍是医师或律师。但遗憾的是,教师和教学却似乎没有像这些专业那样去发展,也许是因为教学专业地位低下。教学专业中生涯发展仍旧是表现为远离课堂,放弃中小学教师的角色。其结果是,我们仅仅知道那些进入了我们专业的卫星职业(研究、管理、教师教育)的人的生涯发展状况。我们似乎还没有共同认可的、有关教学生涯应该如何的核心概念,尤其是针对我所描述(参见第二章)的肩负着责任在课堂上所度过的生涯。事实上,卫星职业的优势地位妨碍了统一的类型化的教学概念的发展。

公共教育(幼儿园至博士阶段)的演进涵盖了教师教育发展,以及从师范学校(normal school)到大学院校的转型。伴随着研究压力的增大,研究已成为教学专业所增设的卫星职业,这使得以某种单一意图将研究与教学自然结合的目标已愈发难以实现。目前，教学与研究的分离，造成了各级质量问题，已在全国范围内引起较大关注。古德莱德（Goodlad，1990）认为，解决办法是将大学和中小学学校文化紧密结合，以此加强教学与教师教育。我同意他的观点，但认为可以再深入一些，我们可以开始将自身视为一个统一的专业，为实现教育目的而努力。

所以，本书关注所有从教者的实践，这就我所说的类型化的观点。其目的是发现专业实践的特质、标准及审视教学的方式。这有助于清晰陈述教师的专业素养。虽然我始终坚持研究课堂内教师工作的实践情境，但本书并不打算以任何系统的方式描述教学方法应用的理想样态。每一位教师个体的工作都是某个特定情境的组成部分。虽然这个情境受到儿童父母的社会情境条件、学校的历史、校长的性格、教师个体的生平经历，以及更多其他因素的制约，但是每一个教育和教学的情境依然是道德的情境。

四、专业素养的道德核心

辛普森夫人、汤姆和伊丽莎白帮助我们发展了一种有关教学的视角，即教学将个体的品格融入复杂的教师角色。这种复杂的角色超越课堂与学校，直指公立教育本身。这种角色包含的所有内容都是开放的，依据个体表现出来的专业素养水平，予以评判。专业人员也必须对自己的专业素养水平进行自我评价。普通教师不只是出于教育的目的引导学生学习，因为教学还是指向形成和影响（但不是模塑）对方的人际活动，通过一系列的教学方法，以及所教的内容——高中微积分、孤独症儿童所学的运动技巧，或大学戏剧创作课中的歌舞，使学生成为独特的个体。因此，教师是帮助学生成为独特个体的人。在任何教学情境中，所有学习者的良好道德是最为重要的（Peter，1996；Tom，1984）。教师的品格和责任是所有教学的重要组成部分，是专业素养的必备部分。

此刻，我所描述的教学，首先是道德性的（比如，致力于个体的福祉），而非工具性（比如，出于经济的原因），或非教育性的（比如，出于管制的缘

由)。基于此,我提出以下三个观点:

(1) 当我们在教学和教育中使用道德语言时,我们的话语和言辞将变得非常不一样。

(2) 我们需要意识到,技术的应用应该服从于道德的考量。

(3) 假如让教育成为真正的道德活动,现存的公立教育系统需要转型。

(一)专业素养与道德语言

教育情境中的教学与个体完善紧密关联,因此不可想象的是,广泛地讨论教师与教学却不涉及道德语言,然而这又似乎不是我们讨论教学时所熟知的语言。比如,1991年我主持了一群教师的讨论会。会上,一位教师发现自己不会使用道德语言。他在谈及学校的道德教育工作时,使用医学上的前脑叶白质切除术来隐喻性地表达如何使儿童变化或变好,好像他从未在专业情境中使用道德语言。这种情况极为常见。贝拉(Bellah,1985)与他的同事指出,人们没有能力考查自身所处道德困境,只是因为他们缺乏道德词汇。没有人教过他们道德词汇,也不会使用道德词汇。假如我们要去深度论述专业是什么,以及专业人员应如何作为,那么我们需要找回勇敢、忠诚、仁慈、细致、耐心、同情等简明的道德词汇。汤姆的勇敢、辛普森夫人的耐心与细致、伊丽莎白的果敢与勇气,都曾是停止用来刻画和评价课堂教师行为的描述语言。

专业素养的讨论即是道德讨论。回想一下汤姆身上淡淡的沙文主义吧,谁会在意呢?这重要吗?仅仅在于将它视为道德谴责之时,才确定具有重要意义。仅仅基于道德立场,才会关注汤姆对待妇女的行为方式。我们也可能不会关注它,如果"善待妇女"就像"不要用餐刀吃豌豆"一样,只是一种礼节,或者像"从梯子下走过"[①] 一样,只是一种迷信。或者再看看伊丽莎白自我提升的方式吧,为什么我们认为这种方式太棒了?因为这种方式与她关

---

① Walking under ladders,直译为从梯子下走过。一些人认为从梯子下走过会给自己带来坏运气,这是一种迷信。详见 http://psychiclibrary.com/beyondBooks/ladder-super-stition/.——译注。

心儿童有清晰的关联。从道德意义上讲,假如她自我提高的唯一理由是"噢!我只想取得好成绩",那么我们不会对她的行为如此印象深刻。这种自利的回答与"我应该帮助这些儿童实现所有潜能"的关心他人的表达相比,大相径庭。

教学过程中道德品格至关重要。除此我们难以理解辛普森夫人、汤姆和伊丽莎白。倘若我们轻视品格的意义,弱化道德的重要性,那么我们将会面临真正的危险,丧失将教师作为人来审视的能力。这种人在复杂的社会里被所有生活难题所包围。这种复杂的社会持续影响着人们在其选择的社会角色中行动的方式。品格可能表现出利他主义。塑造他人的使命在道德上吸引着具有理想主义动机的人(Goodlad,1990)和利他主义动机的人(Lortie,1975),许多教师具有某种道德视野、道德意识和道德动机(但混杂地存在于任何具体的个人身上)。心理学家将其描述为内部动机(intrinsic motivation),但在某种程度上来说,这是一个技术性的术语,它模糊了与道德词汇的细微差别,道德词汇允许我们将教师描述为具体的人。将品格视为道德语言的组成部分,能让教师帮助儿童使用和理解那种词汇,也能让我们为教育奠定更为坚实的理论基础。

(二)受道德支配的教学技术

沿着这种讨论思路,我们会发现,就教师或教学行为而言,没有纯粹经验的或技术的判断。我们在教育文献中读到的内容,以及我们被告知的学校教育的"好"方法,都在道德上缺乏充分检验。我们的教育讨论被策略、技巧、任务时间等技术的语言所主宰。

当我们观摩辛普森夫人、汤姆·斯蒂文森和伊丽莎白·贝克的教学工作的时候,我们能够看到教学不是一种技术工作。它不像牙医、保健员的工作,也不像给车做保养、为电脑装置程序、维持地方治安、在高空秋千上跳跃,或烘焙蛋糕。我们将教学视为由产品质量决定的一组技术行为,就好像作为教师的人只是机器的幽灵,而这部机器用原材料"生产"学习,这些原材料就叫做学习者。例如,斯金纳(Skinner,1975)曾为社会改进提出许多不同的建议。他似乎明白这一事实,即他用于改变人的技术方案有着价值基础,但这些价值却存在高度争议。或许他认为这些方案是显而易见的，应超越价值争议。但是教学技术本身隐含着人类是什么、个体的人是什么的观念，这些观念至少是可以评价的，无疑也是涉及道德的。

所有教学技术都从属于道德目的。但是作为达成道德目的的手段也应接受道德评价。有效提问不同于严刑拷打后的审问，讲授不同于激情昂扬的宣传，对儿童的奖惩不同于改变老鼠或鸽子的行为，以此"获得想要的效果"。有效的学校不只是运转畅通的组织（如同集中营），而是其中个体的自主性都受到尊重和提高。行为矫正技术必须以道德而非技术为底线，《发条橙》① 中对阿列克斯的治疗就是明证。洛瓦斯（Lovass，1967）对患有精神分裂症的儿童试验不间断的叫嚣命令，无论该实验结果如何，它在道德上是有问题的。上述所有差异都是道德引起的。

（三）道德的专业素养和转型的教育系统

行文至此，我们应注意到，从道德的视角来看，教育系统的某些特征深深地阻碍着我们的道德实践。首先，我们没有慎重地对待儿童的需求，而是建立了一套系统将儿童进行分类。第二，我们滥用专业人员。学监聘期短。教师被过度管控（Kean，1986）。大学几乎不去保护教师教育者，作为一种机构，大学似乎对学校教育没有兴趣（Goodlad，1990）。第三，在学校教育和科学研究中，我们的专业语言几乎忽视了有意义的道德主题。倘若我们要以严谨的态度主张道德的专业素养，那么我们工作的方式需要进行彻底的转型。比如，假如我们审视现代商业运作方式，尤其是持续改进和全面质量管理的过程，我们将会发现它们相当强调工作关系的伦理品质。这些观念对于教育者来说至关重要，使得他们在寻找组织框架之时能够进行深度考察，这种组织框架有助于在教育而非商业的机构中设置专业素养要求（Sockett，1989c）。

---

① 《发条橙》（*A Clockwork Orange*）是安东尼·伯格斯（Anthony Burgess）于1962年出版的一部小说，1972年被改编为同名电影，讲述了一位无恶不作的少年阿历克斯，在入狱之后为了提前重获自由自愿接受特殊的人格治疗，却在"痊愈"后遭到正义的迫害的故事。——译注

五、专业素养的四个维度

教师专业素养存在四个主要的维度：专业共同体，专长，专业职责，专业服务理想。

1. 专业共同体

教师通常在机构里工作。既在机构里诸如系部的正式共同体中工作，也在机构里诸如俱乐部的非正式共同体中工作。教师是教育机构、教育机构的附属机构、系部、委员会、年级组、学校和工会的成员。他们也在大学、学院和中小学工作，是各种类型的学会和群团的成员。教师在这些组织机构中工作，便产生了一系列的专业关系。这些专业关系从不同方面提出了不同程度的信任和协作的要求，换句话说，就是道德关系的要求。尽管这些组织群体各不相同，但是这些教师具有共同的身份。他们都是组织的所属成员，帮助人们通过学习达成可见的教育目的，并致力于探寻实现教育目的的最佳实践标准。无论具体情形如何，将这些组织群体描述为潜在的专业共同体是具有意义的。这种专业共同体不是纯粹的、乌托邦式的聚合体。专业共同体为这样的一些人提供了聚焦之处，他们希望维护某种专业标准，并告知公众他们会履行这些标准，完成肩负的使命。

2. 专长

教师关注知识、理解，或者对这两个方面的洞察力，传承知识和经验。这些知识和经验常常被解释为某个科目的学术研究成果，或者是掌握这些学科所需（或部分所需）的技能。这在很大程度上界定了专业孜孜以求的内容，必定涉及真理问题。然而，就像我们从辛普森夫人、汤姆和伊丽莎白那里所观摩到的，还有一种教学法的知识（pedagogical knowledge）。它涉及"如何"教，也可以被描述为一种知识。上述两种知识相互关联，可以被描述为内含于专业实践之中的专长。

3. 专业职责

专业教师以道德的方式回应客户的需求（无论这些客户被界定为儿童、

家长或监护人，还是经由国家机制产生的公众）。教师应对这些个体或群体承担道德责任。这种道德责任能够通过与专业职责的关系予以表达。道德责任可以从具体和一般这两个方面进行解释。某些具体的行为标准可能被某个共同体视为需要达成的在道德上具有重要意义的职责，其他共同体可能以学生的成功或失败来评价教师工作的有效性，以及道德义务的落实情况。用道德的术语来说，职责可以在更为一般的意义上被视为专业教师恰当地执行伦理标准。

4. 专业服务理想

所有的专业都在促进人类完善的道德愿景之下，基于某些专业理想而工作。这些理想描述了专业活动的道德意图，并吸引着利他主义者以及其他的人。毫无疑问，我们可以在希波克拉底誓言、律师的公正承诺、教师的教育使命中瞥见这种理想。教学中的理想应被视为某些服务的同一理想，毋庸考虑具体组成部分。通常，理想源于持续不断的争议与论辩、质疑与重新诠释。理想需要探究不止。

上述教师专业素养的四个维度——专业共同体、专长、专业职责和专业服务理想——为聚焦实践的道德讨论提供了框架结构。上述每一个主题都涉及较大范围，难以在本书有限的空间里深入探讨。我的目的是呈现这一宽广的视野，而不是对每一个主题进行具体论述，因为我首先需要澄清和检视讨论本书主旨的总体路径。如果我们坚持的主张，即道德语言，以及经由四个维度的路径能够得到理解，那么就有必要后续具体探讨每一个维度。此刻我关注的焦点是较大的图景。这会冒些风险。然而，尽管道德哲学家会对上述简要的论点不满意，且其他人认为上述哲学基础的讨论会妨碍专业发展内涵的具体阐述，我仍然认为这个风险是值得冒的。

第二章　专业发展与专业共同体

倘若我们采用类型的视角（the generic view）看待教师群体，不难发现存在三种不同类型的专业群体——学者（academics）、实践者（practitioners）与管理者（administrators）。显而易见，他们没有形成一个具有统一和良好基础的专业共同体。虽然，他们具有共同的理论基础，共同关注有关教育的社会实践和教学工作，但是每个群体似乎有各自不同的身份特征。在他们之间发展伙伴关系仍旧比较罕见，协同工作（collegiality）也不存在。

在20世纪90年代里，大学、中小学和行政机构伙伴协作关系的发展，促成了各种机构之间的合作，并试图弥合专业间的裂痕（Graham，1983；Lieberman，1988；Sirotnik & Goodlad，1988）。建立这种伙伴关系意图在于形成统一的共同体，其中承担教育教学责任的成员分享共同的价值、理想和责任。然而，建立伙伴关系的工作常常交由独立的个体来完成，实现协同工作和责任共担的机构模式尚未形成或实施。

构建跨越多个共同体和多个共同体内部的伙伴关系需要付出巨大努力，它将面临众多挑战，比如，建立信任关系和协作机制（Nias，1975）、营造良好且道德的组织氛围（Cusick & Wheeler，1988）、融合共同体与个体的价值观（Little，1990）、明晰三方[①]之间不同关系，以及探索专业教育如何促进专业共同体发展。我在本章以及后续章节中的关注点将聚焦于最后的一个挑战，即通过专业教育活动实现共同体的发展，以此提供建立共同体的示范性路径。

---

① 三方，指大学、中小学和行政机构。——译注

专业人员的发展是专业发展的基础，但绝不是全部。古德莱德指出，"成功的教育改革需要三项相关议程协同运行。第一，适应学校系统整体的运行。第二，适合构成学校系统的每一所学校。在第二方面取得明确的成功几乎确保了第一方面也取得成功。第三，教师教育改革议程必须从其他两个方面的改革议程中凸显出来。"（Goodlad，1990：17）

在本章中，我将首先呈现专业分裂（split profession）的境况。我认为，学者要保持与实践者和管理者之间的距离，面临双重身份（dual identity）的困境。实践者没有获得学者和管理者提供的较好服务。管理者因面临复杂的政治挑战，而频频操纵实践者。我们需要将教师（从类型的视角来看，包括上述三类群体）视为统一的专业（a single profession）。

在第二部分，我将首先指出中小学—大学关系（school-university relationship）中的弱点，讨论增强二者合作关系的案例。其次，在中小学里专业自治（professional autonomy）与学术自由（academic freedom）和大学里一样具有重要意义，这也是提倡增进二者关系，摒弃目前尚存的等级制度（hierarchialism）的首要原因。其三，为了强化上述观点，我将简述一种概念，即教学专业的理智与道德结构。本章结尾部分将讨论专业发展中专业间伙伴关系所提出的基本原则，且主要涉及对专业新教师的培育。

在第三章里，讨论将转向专业共同体中的教师持续发展，以及研究的作用。无论是在本章还是接下来的一章里，我都不会深入讨论管理者参与专业共同体的问题。这是因为，不管是校长，还是学监，他们所扮演的角色都必须在教育政治控制的背景下加以讨论，而这种讨论势必使我们远离本书的中心议题。

一、分裂的专业：学者、学校实践者与管理者

近些年来，教育逐渐成为政治猛烈攻击的对象。教育系统中的危机感滋生蔓延。个中缘由，像经济衰退和许多州的诉讼案、教师教育的失败、儿童数学成绩在国际比较中较差等问题一样，原因众多。高等教育也没有逃脱遭

人批评的状况,但大多数原因出自本身。1991年,斯坦福大学的研究经费开支丑闻,以及针对私立学院的反垄断诉讼案,引起公众关注,引发深层不安情绪(A. Bloom, 1987; Smith, 1990; Sykes, 1988)。缺乏专业上的紧密团结,是不可能相互配合地应对上述诸多问题的,因为教育中的各部分团体没有内置的忠诚纽带。

(一) 教育中的学术身份

通常,教育领域的学术研究者和教师教育者远离学校教育实践者。他们之间的距离难以解读。部分原因表现为一种事实,那就是作为研究领域的教育学将其自身视为(社会)应用科学(Fox, 1990),虽然这种观点受到挑战已有时日(Bracey, 1989; Walker, 1990)。学术研究者教导实践者要尊重这种应用科学的模式,以及隐含的科层意识。学术研究者与实践者的差距,部分出于一种事实,即对于许多大学教师而言,他们的职位代表着从课堂教学中攀爬而出的职业生涯地位。这因而强化了两类群体之间的科层关系。此外,由于大学作为研究机构,致力于获取资金、开展研究,实践者认为这些研究对他们的工作充满敌意,或者毫不相干,使得两者之间的差距长期存在。学术研究者和实践者之间的师生关系(比如,在在职教育课程或硕士学位项目中)使得上述原因长期存在,造成二者之间的鸿沟难以弥合。

因此,建立二者之间的伙伴关系,变得异常困难,阻力重重。协作式的教学关系变得罕见。尽管古德莱德(Goodlad, 1990)的研究数据显示许多学术研究者似乎仍然致力于教师教育和教学工作,但是他们似乎并不关心自己传达给实践者的印象和态度。他们通常把教师作为讨论和写作的对象,把学校看作次要的和起辅助作用的对象。某些研究者漠视基本的协作规范,或许是因为他们不认为有源自专业共同体的共同教育目的。上述这些人详察他人过失,以此谋生,但常常不去了解自己选择的这种角色,无论其价值大小如何。总之,二者之间的鸿沟长期存在,并且因学术研究者的行为方式而日益扩大。

教育学者发现的问题比实践者意识到的问题更为复杂。他们具有双重身份:相对于实践者的身份,他们的理论工作与实践者紧密联系;在学术领域中与其他学科人员的同行身份。近来，人们要求高等教育和教育学者对众所周知的教师教育的薄弱负有完全责任和公共义务。古德莱德认为，"学校意义的深远发展，……在某种程度上远离大学关注的中心"。对于承担教师职前培训和资格认证的大学而言，他们的（职前培训）工作或多或少需要履行严格的义务。与其他专业资格认证有所不同，某些机构及非专业人员（如，州里的政客）也能决定认证内容。这在工程专业（通过大桥的人应该是充满感激之情的）中是难以置信的。教育已逐渐成为地区和国家政府一时兴起或精心策划的主题（通常这两种情况同时存在），而那些形成了统一共同体、建立了管理协会的专业则不会出现此类情形。

在非教育的学术研究者看来，这是非常奇特的现象，无异于对专业地位的质疑。事实上，他们的质疑恰恰证明了教育学作为大学学科地位及其研究品质较低。特别是自20世纪50年代以来，在学术领域中，教育学术研究者与教育学中从同源学科（如，心理学、社会学）移来的难民，不懈努力，力图通过申请政府项目和基金项目，确立自己在学术领域的恰当地位。但结果却不那么幸运，如同乔宾（Choppin，1982）叹息道，虽然他们开发了许多工具性策略去发表研究成果，撰写教科书，或者致力于满足教学法发展的需求，但几乎没有反映当前的教学经验，学术界也并没有对他们加以奖赏，教育学地位也没有变得更好。虽然，有些学术研究者确实与实践者建立了富有成果的互惠关系，但是对他们而言，这样的做法并没有对神秘的职称晋升和当代美国大学聘任标准产生影响（Boyer，1990；Pincoffs，1975）。

对于学术研究者而言，固守大学的身份并非最佳策略。实践者会抵制他们，这在1989年美国教学专业标准委员会成立之际成为引人注目的事实。该委员会一开始就拒绝将认证教师教育质量作为授予教师资格证的必要条件。作为与教育工会的合作组织，该委员会表现出回避与大学组织开展合作的姿态，尤其是与美国教师教育学院协会的合作，这成为该委员会工作计划的关键部分，其目的是否定教师教育。这对于委员会而言，意义显而易见，职前教师教育在"真正的"专业资格认定中几乎没有重要意义。

（二）学校实践者

实践者处于完全不同的境地。霍尔伯斯坦慕（Halberstam，1990）富有同情心地发现一线教师有挫折感。在他撰写的《下一个世纪》(*The Next Century*)一文中,他意识到教师面对的是美国中产阶级。这个阶级似乎安于无视国家经济竞争对手赋予教育的重要意义,以及教育对国家经济成败所造成的影响。除了一般性的问题之外,教学工作孤立而为的特点,限制教师观察其他教师的教学,阻止共同体的发展,在这种共同体中教师分享专业领域中的实践知识。实践者似乎经常遭遇课堂开放、跨课堂伙伴协作和自我评价的威胁。从职业的角度来看,一线教师是独处者,学校在大体上不是他们互相学习的场所(Feiman-Nemser & Floden, 1986; Lortie, 1975; Zahorik, 1987)。或许,目前学校就没有被设想为这样的场所。

实践者即使"渴望技术",也不会将学术研究者视为可以获得有助于自己工作的资源的对象。研究和开发而形成的资源似乎不能提供给教师有用的东西。新的基于研究的教学观念得以在实践中尝试应用,但是往往短命,因为实践者被视为操作概念的技术工人。几乎没有为一线教师提供持续的机会研究实践,也很少批判性地探究思想上或经验上的假设。实践者可能想去应用"某些研究结果",因为这些研究结果都是技术方面的,但是这些研究并没有清晰而响亮地充分陈述这些技术。即使是有关教学法的研究,教师也不会认为它们与教学情境相关,因为这种研究将教学看作一种去情境的活动(context-free activity)。因而,实践者会认为,"研究表明可能如此,但是我不会去这样做,因为……"。研究者通常使用的方法聚焦于可控制的具体行为,但教师却认为自身所处的职业更多受到情境和人员的左右。最后,实践者实际与研究者的关联,如常言所道,教师只是研究者的研究对象,而非合作伙伴。总之,无论在众多的学校之内,还是在广泛的专业共同体之中,实践者都没有邂逅明显的合作氛围,尤其是没有去合作地发展教学知识。

大多数教育文献表达了这种学术人—实践者的关系。1986年美国教育部发表了《什么在起作用》(*What Works*)的报告,鲜活地反映了在理论—实践关系上的霸权式的应用科学视角[Richardon-Koehler, 1988;美国教育部(USDE), 1986]。这份报告认为,学术研究者就一系列课堂教学实践问题进行研究,将研究成果告诉一线教师。它还声称,在过去15年里,在认识教学活动上的最大进步来自于学校之外的研究者。这种观点潜在地认为，一旦学者发现其中的真理，它能被"向下"传递给实践者，因而实践者能够被告知如何行动。因此，这份报告的题目自然是《什么在起作用》，不是面临什么挑战，引发何种批评，而是什么在起作用。《什么在起作用》较为典型地刻画了实践者仅仅作为应用研究成果的技术员形象。此处我们再次看到了理论与实践关系的应用科学模式。这种模式强化了学术研究者与实践者之间的分离，以及专业的分裂。这种分裂有其认识论根源，它演化为组织形式，以及分裂的沟壑两侧的精密的社会化模式。

（三）教育管理者

这种分裂不只是双向的（two-way），还是三向的（three-way）。广泛存在的学校科层化管理使得学校或学区难以在专业共同体的视角下形成教育目标，因为许多教育管理者不认为自己是教学的领导者。教育管理者的科层化管理思维驱使员工产生保护主义。因而一线教师被灌输了一种相互保护的共同体观念，比如教师即使知道奥尔德不称职或辛普森夫人优秀，他们通常还是会勉强地接受这样的现实。教育官员们似乎也认同这种观念，几乎不会有勇气去解雇不称职的教师。除了在矫揉造作的"年度教师奖"评选时，几乎没有人去努力发掘卓越的教学实践。最后只是交由如同国家教育改进基金会这样的半工会半商业性质的组织去建立由卓越教师组成的克里斯塔·麦考利夫学院（Christa McAuliffe Institute）。

弗吉尼亚州的费尔法克斯县有一个很好的例子，该事例描述了教育管理者因不妥协而面临的难题。1986年，学监罗伯特·斯皮兰建议组建一流的委员会（blue ribbon commission），引入绩效奖，提升教育实践者的专业素养和地位。经过三年的努力，2000名表现出色的教师得到认定；但是，因为担心会打破教师联合会长期维持的同等竞争的神话，学校董事会决定不公开这些教师的身份。然而，1991年学校董事会却反对该学监的该项建议，并投票废除了绩效奖。斯皮兰提出的提升专业素养的办法，不仅没有取悦董事会和教师工会，也没有令大批实践者满意，而且引发了诸多争议。

校长以及主要管理者通常规定的工作，或者他们所在学校被期望达到的目标似乎会妨碍诚实互信的建设性关系的发展。我们需要记住，管理者是科层体系的一部分，这可能是或者可能不是他们的选择，和学校中的行政人员一样，他们有很大的政治野心但却在教育上少有作为（Chubb & Moe, 1990；Kirst, 1984）。管理者通常在职后进修的设置上非常武断，他们习惯于从研究成果中随机挑出最新的基础知识，而没有为教师提供空间和时间去学习基本理论，学习实践或者去评定、评价研究的结果——这一现象最初由威廉·詹姆斯发现，最近经常受到赫伯特（Herbert Kleibard, 1988）的激烈抨击。

不仅在合作中有必要努力改变这一关系，合作伙伴关系还可能因为管理者而受到破坏。哈格里夫斯和戴维（Hargreaves & Dawe, 1989）认为，他们发现"协作的专业发展……是教师赋权和专业提升的一种工具，是一个聪明人应该做的，一种更加娴熟的行动，它为同事和他们领域的专家带来了具有批判性的和接地气的反思"。然而，打破教师隔离状态的行政努力也可能只是一种机制，用来"更为顺利和不加批评地采用某些专家从其他地方引介和植入的行为模式（新的教学方式）"。

我认为，我们专业上的这三种分裂对公共教育有很深远的意义。它体现了我们教育体系中主要存在的一个组织弱化现象，就像烟囱工业[①]，陷入强化差异与区别的困局，而无关乎于它所面临的任务。尽管教学专业对于三个群体来说有着共同的观念和理论基础，但是人们并不知道这一事实对他们的行为产生了多久的影响，也不知道我们是否经常真正视自己的工作为共同事业之一。当公共教育的主要参与者存在巨大分歧时，是难以看到社会所期望的公共教育的彻底改善。

二、专业共同体的发展

尽管我们批判性地论述了学者、实践者和管理者之间的关系，但是在全

---

① smokestack industry，译为烟囱工业，指机器制造业，如汽车、化工、钢铁、造纸、橡胶等行业板块，这些行业都有高耸的烟囱为标记。——译注

国关注教育质量的背景下，我认为这是公平且得到认可的。虽然在发展专业共同体的过程中伙伴关系会得到提高，但它不意味着人们应该低估发展一个包含专业共同体在内的问题的重要性。我们也不应该假定建立一个统一的专业共同体会比解决教育发展过程中的一个障碍作用更大。

（一）关于协作的讨论

促进公共教育的发展可以采取两种可能的策略，一是加强对公共教育体系及其实践者的控制，二是扩大实践者的自治权。那些重视增强控制的人，会相信管理绩效、强化课程指令、采用大规模考试和科层制管理，并将教师看作是技术人员。另一方面，强调实践者自治的人，会重视对专业服务对象的责任，提倡基于宽泛目标指导下的课程自主，将考试作为一种抽样检测，实施民主的管理方式，并将教师看作是一种艺术家或专业工作者。大学已经在口头上支持自治，学者实际已经成为了控制的代理人，主要因为他们将自己定义为拥有知识的人（knowers）而非知识的探求者（seekers）。事实上，一个世纪以来，通过控制而迫使公共教育发展被证明业已失败。如果我们希望改善教育现状，那么，除了严谨地对待采取自治的方式之外，别无出路。这意味着教育专业人员之间应该建立起相互尊重，而非分裂的共同体。

发展专业共同体必先从道德、现实和政治等方面定义专业标准及教师专业素养。首先，通过相互协作与内部行动的方式迈向统一的专业共同体，理所当然是道德的，因为这种方式能强有力地推动专业发展和提高专业尊严（Griffin, 1986），既是采取更为明智且富有策略的行动的基础（Shulman, 1988），也是追求教学卓越的主要条件（Holmes Group, 1989）。一种专业必须建立起这样一个共同体，在那里专业工作者追求共同的事业，用专业实践质量约束自己。当专业中的主流认识论导向科层制的时候，那么专业共同体将不复存在。

其次，我们所提到的共同体虽然还没有被概念化，但是已是现实存在。它出现在关于教师专业发展学校（在那里，学者、实践者和管理者共同致力于入职者的职前教育）的介绍之中，尽管《明日教师》（*Tomorrow's Teachers*）的作者（Holmes Group, 1986）对此保持了一种强烈的居高临下的姿态。与此同时，教师研究（teacher-research）也在很大程度上表达了学者和实践者之间的一种伙伴关系（Hollingsworth & Sockett, 1994）。1989 年建立的全美专业教学标准委员会（National Board for Professional Teaching Standards）也努力作为，为建立一个统一的专业提供了可能。

最后，公共教育同样面临一个艰难的政治挑战，那就是它必须具有产生绩效的能力，就像格拉哈姆（Graham, 1991）所假定的，公共教育已在 20 世纪里表现出了政治参与和介入。但在我看来，教育机构应该接受挑战并且依据自己的风格有效地应对国家教育发展的需要（Boyer, 1983；College Board, 1983；Education Commission of the States, 1983；Goodlad, 1984；National Governors Association, 1986；T. R. Sizer, 1984；USDE, 1991）。这不意味着对于政策的各个方面都保持顺从的态度，但是，教育专家们有责任去做出贡献，并且开展这样的改良运动，而不是让它成为障碍。在实施这一行动之前，他们需要形成一种目前所缺少的内部的凝聚力。例如，一些人声称教师的角色是任何有智力的人都能够轻易胜任的。这种观点我认为是错误的。对此，我们需要的是进行深思熟虑的回应，而非保护主义式的抵制。我们可以坚持不懈地阐述专业标准和专业知识，而不是让它们变得深奥和难以接近。加深学者和实践者之间的相互理解有助于实现这样的结果。至少现在，学者们正在顶着巨大的政治风险，承受公众不满情绪，说道，我们即将发现某种被称之为"教学知识基础"的灵丹妙药（Sockett, 1987）。真正的危险来自那些暗自许诺的难以实现的大幅度教学改进。

（二）大学与中小学的协作

伙伴协作关系一定需要包含学者和大学院校吗？专业能够不被简单地设想为一线教师和管理者的工作吗？大学能只关注"研究"，而不具有教师教育的功能吗？未来的专业发展能够忽视大学吗？教师教育与大学的密切联系已在历史上显示出重要的意义。假如学术自由本身具有思想价值，那么这种联系虽然现在表现出混乱的状况，但是在观念上却是非常重要的。

回顾历史，教育学之所以成为一门正式的被广泛接受的大学学科，是因为它与实践保持距离，尽管初任教师的教育与社会化是大学里完成的。教育理论与大学里主流的实证主义认识论紧密结合在一起（约翰·杜威显然是个例外，他是一位哲学教授，而不是教育学教授），遵守研究和出版规范。师范学校要求招募具有学士学位的人员，以及学院升格为"真正"的大学，为教育学术在大学里提供了位置，教育学也因此成为"正当"（proper）的一门大学学科。然而，一些美国大学为教育专业的大学生开设的教育学课程受到了严厉的批评，理由是缺乏严谨性，且在科学方法运用方面比较薄弱，因而教育学本科学位实际上被抛弃了。在英国，教育学本科专业直到 20 世纪 60 年代后期才出现。巧合的是，教育学学士学位出现的同时，教育理论的基础学科（哲学、心理学、社会学、历史学）备受关注。因此，无论教育学最初缺乏实际应用与否，它做到了概念的严谨（Dearden, Hirst, & Peters, 1973; Tibble, 1966）。这也符合了国际研究目的统一化的要求。这种要求出现于大量知名的学术交流和出版物之中（Haydon, 1987; Mischel, 1969, 1971, 1974; N. F. Sizer & T. R. Sizer, 1970）。

但是，目前存在于试图改善教育的人当中的混乱状况只是表面现象。古德莱德（Goodlad, 1990）发现，教育学获取大学地位的发展过程造成了教育研究和教师教育中诸多问题。克利福德和格思里（Clifford & Guthrie, 1990）在对教育学院的经典分析中也指出了学者和实践者之间存在的间隙，并呼吁学者从专业的角度定位自身。然而，虽然这种抱负在历史上是合乎情理的，但是所导致的结果远非令人欢欣鼓舞的，而且同情的评论也来之太晚，那些学术型教师教育者似乎已经失去了对教育专业入职资质的控制。他们的志向是明智的，但是最终导致的结果已经完全不值得鼓励了，并且这些一般的同情和批评也显得为时过晚。在这过程中学术的教师教育者似乎失去了对于专业准入条件的控制。1991 年，美国俄勒冈州关闭了一所教育学院，引发了一种疑问：这是否是一种趋势的开端？因为在 20 世纪 90 年代，人们可能容易受财政约束而一定要控制高等教育。由一些大学组建的霍姆斯小组承诺要改革教师教育，并且已经做出了创新示范，例如，四年制的人文科学学位已经放弃了教育学专业。后学士课程通常包含一个不同的中小学—大学伙伴关系，除非它经过非常细心的计划并且执行时密切关注合作的性质和质量，否则将很难改善教师教育者的处境。

那些更为强调研究实践取向，或注重质性研究的学者，以及那些非常敏锐地接受舍恩（Schön，1983，1989）的反思性实践者观念的人，更能接受指向专业发展的趋势，在专业共同体中发起协作性的学术参与活动。例如，宾夕法尼亚大学的莱特尔和科克伦—史密斯（Lytle & Cochran-Smith，1990a）和新任教师一起做教师研究方面的工作，在教学中，他支持师范生打破传统专业社会化的"常规"，为专业化提供一个更好的基础。这样，个人能够确保实践者的任务，这也是大学教育参与者的价值和重要性体现。为了推动这一工作的展开，伙伴关系的质量必须要有一个显著的提高，并且学者、实践者和新任教师之间的合作模式需要重新定义，同时，大学的期望也要发生急剧改变（Lieberman，1988；Sirotnik & Goodlad，1988）。

尽管历史背景与当前现状并不太乐观，但是无论现存的关系出现什么样的问题，一个统一的、研究教育的专业，作为研究观念的大学学科而持续存在，不管在社会还是理智方面依旧具有重要意义。作为一种机构的大学有时会受限于经济和政治的作用，并受一种"政治正确性"（Political correctness）观念的影响。同时，它也为对发展教育和教学保持中立意见的人提供了基础。德里克·博克（D. Bok，1982）提出了自己对于当代大学应有的社会责任的观点，包括机构应该继续为挑战社会、政治和哲学的思想提供保护。

然而学术自由（Pincoffs，1975）这一原则对于所有的教师（一般意义上的教师）都是非常重要的。它不仅仅是自然权利赋予象牙塔中人的一种特权。这种自由的发展和固有授权是有必要的。如果教学作为一种专业，那么我们需要对它道德上的使命特征和教师拥有的角色特点保持更加坚定的自信。大学一直以来就是所有教师学术自由发展的守护者，它可以寻求把自己的特权扩展到越来越多的教学专业，尤其是非常重要的公共教育体系。大学作为一种机构，可以支持在学校任教的实践者，以及一些受到不恰当的审查或者政治威胁的人。

可悲的是，大学中对于教育学学科，就如同其他学科一样，都被政治正确性的观点所主导。我指的不是左翼社会学家，因为对于他们来说这种缺陷是他们的特点，我所指的是实证主义认识论的追随者。它几乎是一种"暴政"，如果教师想要获得长期聘约，就必须在"正确"的杂志上发表文章，并且避免与实践者一起工作或者进行教师研究（Smith，1990）。它的缺点体现在认识论产生时的等级观念。学者没有深入或者共同掌权地参与到实践问题中来，不仅如此，如果那些教师是他们的学生，他们似乎也只寻找教师有阅读价值的作品。这些就是认识论占支配地位所包含的部分特点。教育学院是足够自由的，它能够允许可替代的理论观点出现，但是它的机构设置也没有与它的标准同步。对于可选择的认识论观点的说明以及直接连接实践者和实践道德目的，这似乎是我在大学中学习教育学的核心使命，并且从它身上能够自然地激发出一个完整的教学工作的价值。这个使命将会严重影响到专业的自治。

针对教育共同体中出现的裂痕，我建议，出于道德的、实用的和政治的理由，建立一个特别关注专业发展的统一的专业共同体至关重要。我认为，与大学建立联系有着重要的历史意义，但是目前处于混乱的状况，假如学术自由值得珍视，那么这种联系在观念上是重要的。这种学术自由应该延伸至所有从事教学工作的人身上。从我的评论中可见，对于教育学学科以及学术大家而言，他们的智力是否足够发展以至于能够接受各个等级的创新思想，并且能够一直达到机构所预想的程度，这一点我是不抱有乐观的态度的。但是，在为启蒙训练以及专业发展所做安排的过程中，统一专业共同体的标准和实践应该是最明显的。我们应该如何建构一个专业共同体呢？我以专业发展这一背景来试着去讨论、回答这一问题。

三、专业教师的生涯：谱写生活

无论统一与否，专业共同体的观念有赖于专业所形成的专业生涯观念。我们缺乏清晰的教学专业生涯观念。事实上，教学只是在制度上作践其核心技艺的专业。如果一个实践者在学校任教过程中表现得非常出色，他或她可能会成为一位校长或者咨询管理者。教师工会已经表示支持有这样态度的人，根据服务时间的长短以及管理任务的轻重而不是以教学质量的高低为依据分发不同的薪水。大学（甚至在教育学院的教师们中）也表露出这种态度，尽管在那里人们依旧在努力使教学质量得到重视。

除了英国1972年国家报告提供的一个概述（James，1972），没有一个被公认的或者纯粹的概念介绍课堂教学专业究竟应该是什么样的，尽管大多数专业教师以某些方式度过一生。因此，当一个新任教师询问一位职业咨询师有关教学工作的前景的时候，他或她只会听到成为一位校长、一位课程顾问或者一位教师教育者的机会，这些都远离真实的教学活动情境。教师生涯观念的缺失，可以解释为什么有些人不愿进入教师行业，也能解释洛尔蒂（Lortie，1975）观点，即教学专业往往吸引那些保守人士。他们有的对教师角色持有传统认识，有的来自于教育世家。这种观点与将教学视为是一种"女性职业"的看法一样具有影响力（Laird，1988）。

正是因为我们不知道"课堂生涯"（career in the classroom）应该是什么样的，所以我们的在职教育模式不能满足专业发展的需要。许多学区的在职培训课程只能应付某个特殊时刻或紧急需求。教师参加在职硕士学位学习，但是他们是否在合适的时间学习，从中收获了什么，或者学位课程设计是否满足专业需要和教师的特点均尚未厘清。教育博士学位设置似乎与实践者无关。这里以凯西·伊斯顿为例，我曾与她共事，她是一所高中的历史教师，教龄15年，对合作学习有着深刻理解。她不仅在校内运用合作学习法，而且还负责指导教师运用合作学习法的项目，帮助教师们将严谨的理论与自身的实践密切联系起来。为此，她决定去申请攻读硕士学位。她认为硕士学位课程的部分内容与她的课堂教学相关。她想要深入发展自己的课堂教学实践能力，而这适合攻读博士学位。但是这很难，因为很少授予课堂教学方面的博士学位，而且大多数教师（确切地说是大学教授）会认为攻读博士学位的同时在中小学课堂里任教是愚不可及的。因而我们模仿社会科学，为研究而培养博士，没有建设符合专业工作的博士学位项目。但是我猜想，除了增加报酬，我们没有真正理解研究生学位对于事业所起到的重要作用。我们缺少专业生涯概念，缺少在教学中成长的概念。有时，这似乎说明我们缺少自尊，就像一些专业的活动不太重要一样。为了反驳这一观念，我们需要发展一种专业生涯的模型。

(一) 教学专业生涯的模型

在第一章，我提到过，我们需要关注教学专业中承担复杂角色的道德责任，并且摈弃专注绩效的观点。当然，在专业生涯中，一个专职人员的教学工作将会变得精致并且会持续发展，但是教师在学校社会现实中也要扮演多种很复杂的角色。所有的角色都应该会反应在任何一种专业生涯理念中(Boyer, 1991)。这并不意味着教师应该成为社会的工人、顾问、照顾者或者牧师。教学专业生涯涉及个人有所成长，需要他或她假设一个更加复杂的角色并加深对其的理解和体验。第一章出现的辛普森夫人、汤姆以及伊丽莎白的例子展示了四种构成要素：品格和责任提供了一种道德的维度，学科知识和教学法提供了一种智力的维度。考虑到教师在学校以及公众中的角色已经超出了教室的范围，也许可以设想教学专业生涯包含八方面的基础，这八方面的基础主要分为两个部分——智力上的和道德上的。智力上的专业生涯发展包含学识的提高，道德上的专业生涯发展包括品德的发展。核心是个人努力去谱写属于自己的人生和专业生涯。

智力上的专业生涯发展包含四个主要要素，每一个要素都包含具体内容：

(1) 教育内容和方法的更新。因为新的方法论以及新技术有相应的重要考试，所以，教师应该有同等的机会去学习所教授的科目，并且有时间去吸收并在课堂中落实。

(2) 领导力发挥的契机。为新任教师准备的师徒制，对课程的领导或者实施，与外部或者家长委员会的合作，尤其是制定一个政策并实施它的机会，对外代表权（作为公共教育的代表等）。

(3) 同行在职教学展示。获得与他人分享课堂技能，领导课堂本位的创新，发展教育成人的技能的机会。

(4) 反思性实践与研究。从事复杂性课堂观察的技能，批判性反思个人实践，同伴合作研究等方面的发展。

道德上的专业生涯发展需要在人际关系和个人行为的四个领域发展理解、

技能和专业知识方面的能力，具体内容如下：

（1）教师与学生。能更加游刃有余地对待不同群体的学生，作为课堂内外的个人日益成熟，面对他们遇到的问题能有道德的洞察力。

（2）教师与家长、社会。能更加游刃有余地与家长群体合作，作为个人努力践行学校使命，关心孩子，作为代表和大众一起为公共教育做出贡献。

（3）教师与同事。教师承担不同的角色并面临各种复杂的任务——可能作为一个团队的领导者，团队成员、支持群体、成员、评估员、评论家或者在职教师。

（4）教师与自我。理解自我的责任，或者家庭责任，在所选的职业与个人责任之间平衡承诺。

（二）上述模型的优点

上述模型[①]没有排除技术的特殊性——技能、知识或者专业知识。例如，教师教他们的同事，那么他们需要掌握教授成人的教学技能。教师成为公共教育的代表，他们需要训练公开演讲的能力。这个框架主要适合于矫正那些强调技能为基础的专业发展观念。那些观念忽视了个人生活的复杂性，以及个人生活与他或她作为教师两者之间复杂的关系。

上述模型不应该是线型的。事实上，应该设想个人自己建构或者谱写属于他们自己的生涯发展，而不是让别人为他们制定好模型。我们不需要从一个阶段到另一个阶段的"发展"。教学事业包括在深度和广度上的成长，关注点的变化，有时还存在错误的方向，因为在某种程度上，我们谱写了自己的生活和事业。凯瑟琳·玛丽·贝特森（Catherine Mary Bateson, 1989）曾经建议我们去"谱写生活"（compose a life）。她所写的女性的专业生涯与生活经验并非完全对等。谱写不意味着你需要在22岁的线性阶梯中挑选出梯级，但是意味着你需要在那个年龄阶段看到自己的发展区间。关于专业生涯发展的这八个观点可以帮助从事教学职业的人发现他们的事业是怎样与他们的生

---

① 作者同时用 model 和 framework 指代前文叙述教学专业生涯发展模型，为了译文表述便利，这里都译为模型。——译注

活相一致的。他们会意识到自己将与学生、家长、公众、同事以及他们自己所拥有的职责保持一种道德的关系。他们的专业生涯发展中将会出现新的内容和方法，如领导的机会，同事的教学，反思性的实践和研究也会成为主要的一部分工作。

我们在课堂外的生活影响着我们的工作，有非常大的价值。例如，我见到辛普森夫人的时候，她有了自己的小孩。因此，她将生活中的经验带入她的课堂，与还未成为父母的教师相比，辛普森夫人对孩子有了一些不同（不同，并非更好）的理解。但是，对于教孩子与成为自己孩子的父母这两者之间复杂的关系而言，还缺乏系统研究。教师用个人的专业理解、评论与自己的生活进行互动是不受鼓励的。我们忽视了对于学校与家庭之间的理解、比较和相互支持的巨大的资源。我们没有将其作为发展我们思维和实践的一种方式。

专业生涯发展的非线性的特征以及它与我们个人生活的结合，可能意味着我们的专业发展在某些方面已经有些年处于停顿状态了。因为辛普森夫人抚养自己的孩子，所以她放学以后不太可能有太多的时间为课程委员会工作。事实上，如果她履行家庭的责任（作为道德人我们想要她做到的），那么她不太可能（并且应该不会）花太多精力在其他方面。我们不应该谴责妈妈或者爸爸对于学校中的学生缺乏关心，而应该对专业的教师有所期待，当然这会让他们对自己的孩子缺少类似的关心。对于辛普森夫人来说，在那种时候，以一种合适的方式将注意力放在抚养自己的孩子和教育他人孩子两者之间的相互关系上是有意义的。这意味着她将注意力放在了与孩子所处的道德关系方面以及她的个人成长上。从专业上来说或者就个人而言，她也将注意力放在了处理学生与学生家长方面。如果辛普森先生是一个教师的话，我几乎不用说，这对他而言也将是正确的。

上述有关专业生涯发展观是将重点放在了个人教学专业框架的建构上（参见第三章）。在任何时候适合辛普森夫人的都不一定会适合其他人。在学校生活中，正如罗兰·巴斯（Roland Barth，1988）所言，一个学习共同体的创建也需要提供领导机会，并且与此同时个人具备了非常不同的领导力

(Little，1987；Schlechty & Whitford，1988）。同样地，当凯西·伊斯顿在课堂内外有时间去加深对合作学习的理解时，她也能够承担人生中在职期间的责任。专业生涯的构成中没有专业成长的线性序列，但是能够符合其他承诺的需要，而这种承诺是我们所有人都要明确的，以至于我们可以理解它的要素和可能性。这些要素是教学职业需要的，一个自主的、不受束缚的教师可以像他们期待的那样具有创造性。

依据这八个要素在专业、生命成长或者其他方面的位置，它们中的任何一个尚有很多讨论和分析的空间，这样的讨论大多数人能参与。例如，关于教师研究（四种"智力"要素之一）发展的反思性实践，通常会被当作在教室里待上五年以后才能熟悉的事务。但是，伊丽莎白·贝克极其擅长课堂分析（例如，她对奥尔德夫人的最初分析判断）以及对自己的教学实践进行严谨的反思。她曾是英格兰高等教育机构教育学专业本科生。当时某些机构注重在四年制学位课程的开端发展学生的教学研究能力。有一个不同的例子是：我认识的一位年轻教师——弗朗索瓦丝·阿尔贝罗拉，她已从事教学三年，被委以领导工作。与学校中的其他教师相比，她拥有了更多和家长相处的机会。除了英语她还可以说另一种语言，因此她能够和更多的家长进行有效的沟通。她并没有用自己的专业学习经验规定她所做的工作，也没有依据可以获益和得到发展的反思性研究框架来行事。我猜测她的雇主完全会庆幸自己拥有这样的员工。但是弗朗索瓦丝的例子表明，个体的认识需要在与机构提供的环境的相互协调中获得发展。

此刻，作为一种专业，我们似乎无法摆脱重视方法和内容更新的潮流——没有太多其他东西。这样将不太可能让类似于伊丽莎白和弗朗索瓦丝这样的年轻教师有太多的机会去谱写自己的专业生涯。有趣的是，当我试着开始将这八个要点构成的框架展示给我教龄较长的同事时，他们一致的反应是一种自豪感，因为当他们回顾自己的专业生涯时，他们意识到自己在道德的专业生涯中变得越来越成熟。如同我同事——大卫·伊夫林老师所言，作为一位教师他所做的大多数事情"在官僚主义者的眼中似乎都是没有意义的"。一线教师在全部的专业实践中找到专业生涯的意义。然后不幸的是，教师们在处理学校教育事务，应付教学工作时被不断社会化，以致抛弃了道德的专业生涯（Strike，1991）。尽管这里讨论的是一线教师，但是上述专业生涯的框架却明确了一般教师角色的核心要素。每种要素都反映一般教师的特点，因而能够或多或少地应用于教育学术与行政的卫星式工作岗位①。当然这些岗位工作需要增加反映各自特性的要素。例如：组织管理与道德领导要素有关。但是，这八个要点构成的框架不是实证调查研究的结论，也不是为了反映实际教师经验的历时呈现模式。

（三）突破模型：专业生涯的不同构想

虽然这一系列要素（或者其他一些类似的要素）构成了专业人员一生工作的广度，但对于实践者来说，他们没有机会去构建自己的专业生涯，谱写他们的追求。那么，对专业、机构，以及个人而言，这样的一个框架到底具有什么样的一般意义呢？

1. 专业发展契机

从攻读硕士学位到参与一次午后的培训课程，所有的这些专业发展机会都可以纳入专业生涯发展。在专业发展初期，我们可能被告知，应该将自己的专业生涯视为生活的一部分，并且与上级、同事讨论自己的专业发展。然而，人事部、教育学院、教师培训者、校长和教师看待所有专业发展模式的方式存在巨大差异。这对专业领导提出了什么样的道德要求？教师会教如何与成人（例如，同事或家长）合作吗？大学学位制度如何能与真实的专业生涯关联，而非无足轻重的一部分？我们将如何在美国教学专业标准委员会（National Board for Professional Teaching Standards）新标准体系中纳入这些要素？像美国督导与课程开发协会（Association for Supervision and Curriculum Development）这样的机构如何使他们计划的项目符合教师发展的理念？我们如何为进入这个专业的人履行我们的专业职责？

倘若我们能较为关注教师角色的需求，而非教育体制的运转，那么教师

---

① 卫星式工作岗位对应的原文是 satellite occupations，意指学术与行政的辅助性工作岗位。——译注

的生活将会形成有效的内在连续性。构建专业生涯发展的支持体系迫在眉睫。教师个体在前瞻和旁顾自己的教育工作之时，急需获得建议和支持。这意味着我们需要转变现有的原子观点（atomic cultures），形成一个共同的专业发展责任框架，并且这个框架覆盖所有相关的机构、雇主、大学以及协会。

2. 协同，特别是评价中的协同

在一种连贯的专业模式中，特别是在诸如毕业学分考核、换发新证、绩效评价，以及国家委员会认证等不同评估方式连贯一致的模式下，这种专业生涯发展框架才可能与专业发展机构建立联系，我们才可能在教师角色的具体要求下审视我们自己和他人的教育工作绩效。这对关于专业素质的令人信服的论述而言，至关重要。广泛采用档案和日志方法、接受自传体自我报告中的主观性总结，为这个浩大的工程提供了一个开端，因为它意味着打破了一个坚实的制度结构和机构习惯。个人对自我和对专业的评价能力应在追求卓越的专业发展中进行培养。

3. 专业生涯发展与个人成长

在个人不同专业发展阶段和不同成长模式的活动之间一定要建立一致性，对此，需要将一些注意力放在关于成人发展的概念上。一种专业的设立必须包含一些观念，这些观念涉及成人发展各种阶段的定义（Oja & Smulyan, 1989；Patterson, 1979；Sockett, 1980）。成人发展理论为联系道德的专业生涯、品格议题（例如，在自我发展方面与道德发展方面）与智力方面的发展（例如，认知的发展）提供了一种手段，尽管我们需要一直考虑在道德发展过程中的女性主义视角（Gilligan, 1979, 1982）。由此，尽管成年代表一种社会身份，处于发展阶段的观念可能不能建立在此基础之上，但是生涯发展路径与成人发展的广泛理解建立联系，界定专业发展所需的品格（Huberman, 1988, 1989；McLaughlin & Lee, 1988）。我们可能还需要讨论个人的成长。

一个重要的假设：如果我们重视个人发展的各个方面，那么我们如何思考教学上的专业发展呢？所有供给的专业项目将因此需要接受发展标准的管控，同时也受教师角色与个体人格之间关系的清晰理解所制约。例如，传统的《教育基础》（Foundations of Education）课程根本没有涉及学习者所处发展阶段（Goodlad，1990）。围绕这个问题，我作为一名大学教师，在我称为"基础：起源与视界"的课程中，进行了两个暑期的尝试。我给"跟我学习的教师"（这是霍林斯沃斯所使用的漂亮短语）提供针对哲学家或教育家的观点进行自我分析的工具。我邀请这些教师在分析福禄培尔、杜威、裴斯泰洛奇、柏拉图、斯金纳、尼尔或者其他人的语录的基础之上，形成自己的思想立场。在随后阅读课程教材的过程中，作为教师他们能开始形成自己的观点，进一步理解。在课程的第二阶段，教师们运用从自身发现的原则与责任武装自己，运用八点分析框架检视自己的专业生涯和人生境遇。课程中的"基础"，指的是某个人生活和专业生涯的基础。这是首次尝试将个人专业工作、个人生活与教育思想整合起来，而不只是呈现与专业教师的生活和工作缺乏关联、随意流淌的教育思想。

4. 专业生涯与专业共同体

专业生涯框架可以适用于所有从事教学工作的人，尽管对于那些成为专家的人而言需要附加其他一些特殊条件。我认为教育场景中的任何专业生涯，都会提出近似的理智与道德的要求。这不仅对于个体教师有如此要求，也同样适用于我们在这里以不同方式陈述的，从辛普森夫人、汤姆和伊丽莎白的故事中提炼而成的，卓越教学四重特征的拓展内容。品格、责任、学科知识、教学法可以分别归为理智要素和道德要素，以及归入智慧和德性类别。这八点分析框架将这些扩大到了专业素养非常重要的维度，每一个都将是卓越的标准。但是重视专业生涯观念需要我们去理解专业共同体的重要性。专业生涯模式勾勒了专业教师角色，以及一个专业人员作为工作场所和专业共同体的一员所应该具有的权利和责任。正是专业发展、生涯和角色交织在一起，在专业共同体中配置各类责任。当前政治施压，要求革新教育内容与方法。这个框架为我们提供了个人及专业成长的全景，由此从根本上我们能够重新评估如何引导年轻人进入我们的专业工作。

四、专业共同体中的新教师培养

到现在为止，我在本章所讨论的是，对一个具有连贯性的统一共同体而言，协作性专业发展是它的核心，正如我所指出的那样，如果没有协作性的专业发展，那么全国教育改进的前景将是黯淡的。我曾提议，专业需要一个专业生涯概念，可将其看作是一个由八个要素构成的框架，在这个框架里，我们作为自治的道德个体构筑属于自己的生活和专业生涯。从这个观点来看，新教师的教育对于机构塑造专业的合作伙伴关系以及新教师获知专业生涯的观念都是非常必要的。专业发展学校依然处在摇篮时期。它在对职前教师教育进行激烈批评的背景下逆势发展，这一点前文已经做了简洁明了的提及。

(一) 当前的境况

多年以来，公共场合或者专业领域一直在讨论职前教师教育（Carnegie Forum on Education and the Economy, 1986; Clifford & Guthrie, 1990; Governors, 1991; Holmes Group, 1986; Lanier & Little, 1986; National Committee on Excellence in Teacher Education, 1985）。托马斯·基恩（Thomas Kean, 1986）现为新美国学校发展法人团体主席，曾是新泽西州州长，他曾提出了一项包含五个观点的议程，这项议程明确了职前教师教育议题，现总结如下：

(1) 教师须有高标准，以及确保高标准的机制。

(2) 高等院校须重建教师教育，需要基于坚实实践基础的理性严谨。

(3) 必须重新设计学校，使学校成为促进学习与工作的地方。协作因此而必要。

(4) 需要建立不同的管理系统（regulatory system）。该系统有清晰明确的预期结果，但把方法的选择交给现场人员。拒绝系统所有层面的"法规混乱"。

(5) 需要建立深思熟虑的教师招募与任用机制。

对于教师教育有一个公认的判断，那就是将重点放在它初始和入职阶段的薄弱方面。然而，所有的问题都是相关联的。例如，建立管理系统是各州的责任，无需理会专业人员，学区（school districts）可以采取自己的管理措施，例如，像阿尔伯塔省的埃德蒙顿市和弗吉尼亚州的威廉王子县采用了校本管理制度（Hill & Bonan, 1991）。教师招募与任用问题也同样至关重要，尽管提高门槛标准能提升入职者质量而不是减少入职者数量（Silber，1989）；但是，在没有一个清晰的生涯蓝图的情况下，较有前途的入职者是否能不考虑地位和奖金而继续留下来从事教学工作，是不确定的。基恩的分析表明现有的绩效责任机制已经失效。替代它的"确保高标准的机制"是否会通过全美教学专业标准委员会实现具体化，这仍有待观察。舒尔曼（Shulman，1986）关于教学知识基础的研究、古德莱德（Goodlad，1990）出版发表的教师教育19项基本条件，以及霍尔姆斯小组（Holmes Group，1989）提出的专业发展学校建议（Lieberman & Miller，1990），已为"理智上的严谨"（intellectual rigor）提供了支撑（Reynolds，1989），而且，学者与实践者之间的伙伴合作数量不断增长，回应了基恩在议程中提及的"协作机制"。教师教育重建已然开始，特别是在专业发展学校里着手实施了。

（二）专业发展学校

专业发展学校是小学或中学。在那里，大学和本校教师与新手教师全面合作。这与早先的职前教师教育的模式有所区别，具体表现在：所教授的学习课程由大学和本校教师共同开发；新手教师在具体情境中遭遇的实践经验驱动课程；新手教师的绩效评估属于正式的集体责任；因为大多数课程（尽管不是所有）是在专业发展学校里教授，新手教师获得经验更接近于资格后审经验。专业发展学校也为研究和发展伙伴关系提供了环境。专业发展学校在国家不同地区以不同的形式表现出来（Levine，1992）。专业发展学校为新手教师提供四样东西：

（1）学会教学的机会。

（2）学会如何与他人合作共事以及目睹伙伴关系形成的机会。

（3）参与关于课堂实践的理性严谨的讨论。

（4）开始成为教师研究者。

这些应该促成对四年制学位项目中专业课程的再思考。

从这项革新中获利的不会只是新手教师。专业发展学校可以为统一的专业共同体发展奠定基础，成为一个跨机构合作关系的模型，提供一个关注实践为导向的研究，并且促进向其他的专业学习。

首先，专业发展学校可以在统一的专业共同体发展过程中成为主要的构建模块。新手教师将目睹负责培训的统一专业的形成，这提高了相互之间的理解。它假定教师教育者与教师具有不同的专长。专业发展学校能引起专业与机构之间的调整以弥合学者和实践者之间的鸿沟，同时也可以塑造新手教师对于未来大学与中小学之间专业关系的期待。幸运的是，对专业发展学校的思想接纳范围和实际可能性正在快速增加，并且远离了"临床教师教育"的概念，这个概念因将医学与教学进行类比而造成误导。

其次，专业发展学校提供了建立跨机构专业伙伴关系的显见操作模式。教师教育者指导新手教师的旧模式存在的实际困难是不愿与中小学实践者讨论课堂实践。关于最佳实践的观念要么交由新手教师自己思考，要么在中小学校（或者教师）和大学（或者新手教师的指导者）各自思考"最佳"之中产生。因此对于最佳实践并没有真正的对话。然而，建立恰当的伙伴关系应该去除因繁文缛节而造成的阻隔，转变没有交流对话的局面。确实，我们应该用广泛的关于高效教学的讨论来代替"忘记他们在大学里告诉你的所有东西"这个令人震惊的建议。如果实践成为辩论的中心，那么新手教师在专业发展学校的体验可以保持理智上的严谨。特别是专业发展学校通过特有的结构，提供机会，从而确保我们面对真实的伦理问题（Strike & Soltis，1985）。

其三，专业发展学校能够基于实践导向形成研究焦点。专业发展学校可以促进在学者、实践者和新手教师之间建立严肃的反思性研究的伙伴关系，发展有关儿童、课程和个体教师的具体案例研究。依照旧模型的假定，这个新的共同体无需按照旧有模式将自己的研究委托大学学者。教师研究运动已经证明，一线教师能够把握研究并归为己有，因为正是他们才能够直面工作中社会与政治因素，因为在反思性研究的过程中他们能够变得更有能力去应对那些因素。新手教师的教育中重要的一环是引导他们进入学校与教学的政治视界。

最后，教师专业共同体能够吸收其他专业教育形式的优点，但不被它们所取代。目前急需建立聚焦专业教育的跨专业研究中心。作为第一步，应在文科学位课程中提供伦理方面的专业教育课程，以此作为专业入门课程。无论学生是主修法律、医学、教育、会计或者其他专业,都应学习这门课程。大学专业教育趋向于限定在具体学科学院内,其他专业的继续教育则局限在成人教育部门里进行。舍恩(Schön,1989)针对不同类型专业能力的案例研究对教师教育具有较高的借鉴意义,这不仅仅因为可以学习某些其他专业教育所采用教学策略,而且因为通过某些方式从一种活动中获得的见识可以迁移到完全不同的情境之中。

专业教育的视野依旧宽广,并持续扩大。通过专业发展学校提升入职者的质量也在大幅度改进。专业发展学校的理念与连贯一致的生涯发展路径彼此契合。生涯发展路径已成为新手教师可能做什么的愿景。确保专业入职者意识到学术自由的重要性,也是专业中学者与实践者共同的使命。确保职前专业教育在方法论上得以清晰界定,将使得新任教师以促进有效专业生涯发展的最大潜能开启专业生活。假如职前教育的目的是体验专业生涯的所有方面,那么确保通过检视自己的工作情境来全面了解复杂的社会与政治问题是同等重要的。

因此,作为统一共同体的专业,其质量主要取决于职前教师教育的发展。在专业及余下的专业学院里,既然职前教育模式正在经历着深刻的转变,兴趣必然不可避免地转向先进的研究。问题的关键是涉及专业发展的后期资格认证的整个领域是否能够构建成专业共同体中的伙伴关系。

围绕独立的教师们建立统一的专业共同体,主要通过令人信服的专业和生涯发展观来实现。针对这项事业,我已经指出了某些历史和当前的阻滞因素,以重视个体谱写专业生涯的方式勾勒了生涯的观念,并提出了专业发展学校的建设标准。专业发展学校建立了新型伙伴关系,并以此发展统一的共同体。关于这种共同体与专业发展的关系的全部主题,将在第三章里,聚焦在职发展和教师研究工作等方面进行讨论。

第三章　反思性实践者的专业共同体

霍林斯沃斯（Hollingsworth，1990）写道："教学是教育研究的最佳方式。教学艺术所代表的不仅是对实践的批判性思考，而且还是持续地改变，这是批判性思考所导致的结果。"这与劳伦斯·斯腾豪斯（Stenhouse，1983）的观点形成共鸣。他说："对于课程研究真正重要的事情是……它邀请教师通过运用自己的艺术来提高自己的艺术。"在之前的章节里，我们发现想要在研究的"纯粹性"（purity）与实践的"粗糙现实"（harsh reality）之间建立联系是非常困难的，而且我们已指出，新手教师需要一开始就去批判性地思考问题，以及反思实践。

近年来，两种关于教师的观念获得了坚实的基础。它们是教师即反思性实践者（teacher as reflective practitioner）和（或）教师即研究者（teacher as research）。斯腾豪斯（Stenhouse，1975）首次提出教师即研究者。但我采用的是舍恩的术语——"反思性实践"，将其作为类型化术语（generic term），以此涵盖各类实践，例如，教师研究、行动研究，以及不同形式的应用研究。舍恩还使用了"行动中的认识"（knowing-in-action）的措辞来描述专业工作者的活动，与传统模式相比，它提供了关于理论与实践关系的不同诠释（参见第五章）。在传统模式下，专业工作者了解理论，然后用之于实践。这不仅是理解理论与实践关系的传统方式，而且还是实证主义者知识观与基本原理的具体表现。与此模式相反，舍恩不仅提供了刻画各种研究类型的"反思性实践"术语，而且还给予我们一种关于行动中认识的非实证主义的论述，这种思想将会作为一种实践认识论在第四、五章加以探讨。

认识论不同，关于研究的观点则会存在差异。可令人惊讶的是，今天在缺少任何先在论证的情形下，竟有那么多经验研究者认为他们具有某种认识研究的优势，以为只有经验研究（empirical research）才是"真正的"（real）研究，除此之外，都是"思想片断"（think piece）。从坏的方面来说，持有这些想法的人非常愚蠢地否认柏拉图、笛卡尔或杜威所做的工作是研究，因为这些工作不是以经验为依据的。从好的方面来讲，他们忽视了自其鼻祖奥古斯特·孔德和约翰斯图尔特以来所发生的显著的理智改变。我们需要一个关于"研究"的正式定义。该定义留足空间，对理性可能实质上存在的不同观点保持开放姿态。例如，"研究是公开的系统性探究"（research is systematic inquiry made public），这就是一个很好的、奠基性定义，因为它没有限定研究方法（Stenhouse, 1983），而是挑出所有研究定义的三个要素——系统、探究和公开。依据这一定义，反思性实践者（如上所述）可能做研究，也可能不做研究，尽管教师研究者会去做研究。如同我在第二章所描述的，无论是反思性实践，还是教师研究，它们作为某种实践类型，对于专业生涯发展至关重要。

本章继续讨论专业共同体中的专业发展主题，尤其是针对已在岗工作的教师群体，但讨论主要指向属于教师生涯发展中理性方面的"反思性实践和研究"。主导硕士学位阶段专业发展的四项基本原则非常关键。硕士学位项目既是学者与实践工作者的主要交流契机，也是他们之间进行教与学的载体。如果需要满足专业共同体的要求并且成为实践者和学者的宝贵经验，硕士学位教育就非常需要进行严肃的重新评价。但是就像我在这一章第二部分提到的，我们也需要一个研究模型，去满足专业共同体的要求。我们可以在行动研究中发现这种模型，这个类型化的术语表述了一种在各种社会科学中广为使用的研究模型，它为专业共同体中教师研究的发展提供了一种理性基础。在第二章的最后一个部分，我指出，如果运用的研究模型是为着加强教学共同体，那么它必须既要将个体专业工作者作为拥有生活和专业生涯的人来予以支持，又要促进制度和个人之间的相互合作。这对我在第二章关于教师个体创作专业生涯的讨论进行了补充。

一、反思性实践者的专业发展

硕士学位项目对于教师来说是一种核心的专业发展方式。据说这种项目满足了专业者的需求。但是项目中的课程结构设置与选修办法，通常被转化为一系列规定性的学分要求，而学分由学者能够教授什么而不是教师可能想学什么而定。项目通常由学者制定，而关于师生关系方面的专业见识却从属于智性经验的边缘地带。项目协商与开发极少在当地专业人员的共同体中进行。有关"研究方法"（主要介绍经验研究）或"基础"（介绍哲学上有难度的辨别是非的内容）的课程通常是必修的。获得学位只是获得资格证书的工具，换句话说，它仅有工具性目的。只要获得硕士学位就能带来一种现金回报，那么大学就是卖方市场。

这样的批判过重吗？也许吧。然而，当我们持有这种批判态度时，就能辨明硕士学位项目重建所需的指导原则。硕士学位项目将有助于专业共同体发展。

（1）须由实践者分析和确定问题。

（2）须将焦点置于特殊案例的困境，以及易于变化的方面。

（3）须认可和尽可能描述默会知识及理解（tacit knowledge and understanding）。

（4）应将学者—实践者关系（也许还有许多其他的教师—学习者关系）定义为教练—实践者关系（coach-practitioner relationships）。

这些原则将促进"系统性探究"（系统性探究即教师专业生涯和专业共同体所采用的研究方式）的发展。最终，学者和实践者之间关系将显著改变。以下将对每项原则分别进行考察。

（一）分析问题

项目商讨议程①（学者和实践者共同参与的）可包括实践者提出的问题或

---

① 此处项目计划指前文所述的硕士学位项目计划。——译注

共同设置的问题。学者可以提供伙伴指导，帮助实践者以形成假设的方式分析问题。某些教育研究和课程已提供了这样的例子。霍林斯沃斯（Hollingsworth, 1989）在系列重要论文中论述分析问题的框架。这些论文涉及合作研究，以及发展学会指导教师的认识论，而通过这一分析框架，教师可以像研究那样去分享自己的观点，并以此发展自己的观点。霍林斯沃斯开发的分析过程是与教师合作的一种交互应答式关系（antiphonal relationship）。克兰迪宁和霍根（Clandinin & Hogan, 1991）长期合作，他们将协作（教师教育中的协作）定义为由某种关怀伦理（ethic of care）指导的即兴表演艺术（improvisational art）。1973年，一个关于种族关系教育的研究为一群教师提供了表达与分享不同教法的分析框架，其中每位教师都非常关注促进对种族的理解（Stenhouse, 1982）。埃利奥特（Elliott, 1991）最近出版了优秀著作——《行动研究和教育改革》。他在书中叙述了他的政治与智识发展的前后过程，以及在福特教学项目（Elliott & Adelman, 1983）中与阿德尔曼一道，激发教师在探究和发现教育中，以实践者的角色探寻和发展自己的教育方法。通过自己的努力，埃利奥特已认识到，最为重要的事情是由与他一起研究共事的教师来界定研究问题。

这种联系也可能会被制度化。如今已存在多种不同的中小学—大学伙伴关系和协作活动方式的实例（Clark, 1988）。这些创新实例有，普吉特海湾联盟（Keating & Clark, 1988）、乔治梅森大学的教育应用研究与发展中心、明尼苏达大学应用研究与创新中心，还有斯坦福协作机构（Calfee, 1987）等，以不同方式将学者和实践者聚到一起，共同界定问题，研究解决问题的策略。跨机构的合作伙伴关系可以为专业人士提供一个分享不同专业知识、表达不同声音的机会（Davies & Aquino, 1975；J. P. Macdonald, 1988），并且能够衍生出新机构的所有权问题。所有这些协作实例都面临一个结构性问题，即这种协作是否成为真正的制度性伙伴关系，或者专业人士为着共同治理而建立的伙伴关系能否产生合作行为。格里芬（Griffin, 1986）告诫人们，实践者可能被要求接受学区的政治议案，而其中包含的问题并非由实践者以专业人士的角色亲自分析与确定。

（二）特殊案例的困境

我们的关注点应该放在特殊案例困境或者是容易引起改变的案例上来。这是一般行动研究文献中人们熟知的起点，就如同我在第二章节描述的实验基础课程一样。这也是推进有效专业发展的一项原则。困境（predicament）一词非常重要，它并非具体的两难困境（dilemma），也不只是某种困难（problem）；它描述了某个背景和情境的多个方面，囊括广泛存在的影响因素。特殊案例就是困境的众多特征汇聚的时刻。伊丽莎白·贝克不只有一个亟待解决的困难，她这个特殊案例就是一个困境。它也可能过于平常而被说成是一个两难困境（如，她可以选择 a 或 b），而不是被视为由与儿童、辅导者、奥尔德夫人、家长，以及她萌生的责任感和理解力等复杂关系所界定的特殊案例中的困境。从原则上说，所有专业伙伴都能在困境中分享自己的感悟，并且研究困境，从中学到经验。

事实上，改善教育实践可能主要不是来自于追求普遍化的理论研究，而是源于对特殊案例的困境的智性关注。虽然女性主义教育学正在发展一种主观普遍性的观念，但是我们已习惯于只是寻找客观意义上的普遍性（Hollingsworth，1991）。［我认为，这种思想接近于唯心主义形而上学观，特殊性是普遍性的具体化，特殊性是具体的普遍性（Murdoch，1970）。］追求普遍性导致轻视实践的具体情境，在某种程度上假定具体情境没有意义。古德莱德（Goodlad，1984）让我们关注一个事实，就是研究者在"一个叫做学校的地方"所见的貌似真实的情境与实践者所见的是不相符的。实践者已使用不同的视角来否认那些通常带着近视眼镜进入学校并审视实践行为的外部研究者，因而导致实践者在对待自己的研究上，逐渐轻视应有"信度"和"效度"。但是，学术研究者们能够支持并且清晰描述特殊案例，帮助教师将特殊案例研究的过程变得严谨而深入。这种转变可以通过提高实践者的反思能力，立足于已采用的描述性语言，以及潜在的其他技术的整合运用来实现。我认为，这项原则应该应用于专业发展的所有方面。

在这一点上，我从伊丽莎白·贝克那里学到了很多。有段时间，我感到困惑，甚至沮丧，幼儿师范生常常用"笨"孩子来描述自己的困难。我认为这种描述是陈词滥调，毫无意义。我交给师范生一个任务，因为她在笔记中描述了一个"笨"孩子。她辩解道，这是老师和孩子们都能理解的形容词。她坚持认为，"笨"指的是处于正常的、可接受边缘的行为。换句话说，它引起人们的注意，但不会招致纪律处罚（教师法庭上的小丑——李尔王式的教师身边的傻瓜）。而且，如同她向我所解释的，笨通常"通过行为表现出来"——转动的眼珠、奇怪的噪音、搞笑的步态等等。而且它不是一种孩子的反抗行为，而是如她所说，通常就是孩子本来的状态。自此，对于我而言，"笨"具有了解释儿童课堂行为的丰富涵义。这是我从事研究学术以来就从未正视过，或者无法理解的概念。抛开语言和我在课堂中所见到的问题，面对能够引起她的实践发生改变的事情，我却无力提供帮助。我是个学术笨蛋（academic fool），但也不是，因为我现在理解了什么是笨（silly）。实践者需要的是技术支持，而不是智性恫吓。

（三）描述默会认知

完成描述默会认知的任务需要实践者和学者致力于相互合作的探究。默会认知是对波拉尼（Polanyi，1960）所用术语的修正，特指那些人们知道如何去做但同时却不能言明的现象。许多个人的教学行为表现出这样的特质。我们可以回顾汤姆·斯蒂文森的教学。那天当我们走过门厅时，他显然不知道自己究竟要做些什么（他不知道的恰是所有目标导向的教学领导者都知道的详细教学步骤）。他有教学计划，但因不适合教学任务，就放弃了。但是他创造出了令人振奋的教学。这源于他的经验、他的判断、他的人生阅历、他对学生的感知、他对历史的热爱，以及我作为听众观摩课堂（还有其他更多的因素）。这是实践心智的即兴创作，在设计教学过程中建构教学过程。他在教学过程中建构他将要做的事情，心智引导他以飞快的速度从一个想法转向另一个想法。我们能将这一切编入教科书，并将其中的那些知识与理解、直觉与洞见传递给其他教师吗？我不能确定我们是否能够做到，但我不希望如此。虽然我们能够描述发生了什么，但却不能描述他认识到了什么。这主要是因为他即兴的艺术创作速度超过了见证者的笔录速度，而且我也认为，摄影机的速度也一样赶不上。我们能做的，如同我所做的，就是从亲自观察与反思中学习。

我倾向于一种认识，即这种人类的特殊能力，及其他教师在缄默认知的不确定性状态中的行为领域，在概念界定上是不可名状、难以深究的，尽管我们仍然能够见到我们可以深入而有效地描述它。（显然，小说家能够成功地描述它，比如艾米丽·勃朗特在《呼啸山庄》中对希斯克利夫狠毒性格的非凡刻画。）它对于教师专业素养非常重要。我们对于默会认知的理解为理解教学卓越提供了思想源泉。可能它只能被仿效，但教学技巧事实上却可以通过教授而尽可能掌握。忽视默会认识，将其视为与被称作"教学的知识基础"无关的内容，这与忽视反证对于理论的作用一样，缺乏应有的关注。

（四）学者与实践者的关系

舍恩将反思性实践视为一种认识论。这种观点的主要意义是，必须改变学者与实践者之间的关系（Schön，1983）。舍恩建议学者在关系中担当"教练"（coach）的角色。教练是一个较为方便的类比。电影《火战车》①讲述的是1924年的奥林匹克运动会。英国运动员被告知，教练莫特比利帮助运动员亚伯拉罕赢得百米短跑冠军，如同亚伯拉罕自己获得冠军。教练就像实践者一样，将自己的注意力锁定在实践者的具体目标之上。教练既不忽视个人的目标，也不忽视团队的目标。他或她的目标不是去帮助团队获胜，而是通过团队获胜而获胜。因此教练不是旁观者，教学中的教练也不是课堂里的旁观者。②

"教练"这个术语因另外一个理由而饶有趣味。教练几乎不能做到被训练者所做的事情。教练只提供技术上的帮助。教练莫特比利不可能参加奥林匹

---

① 《火战车》（*Chariots of Fire*）是一部运动题材电影。影片讲述了剑桥大学犹太学生为对抗种族偏见，为同胞争光，勇夺奥运会百米决赛冠军的故事。——译注

② 此处的原文是，The (teaching) coach is thus no (classroom) voyeur. 它将两层意思整合到一句英文中进行表达。为了便于读者理解译文，故在译文中将两层意思分开表述。——译注

克决赛，就像他不可能飞到月球一样。纳芙拉蒂洛娃①的教练难以在温布尔登网球赛的第一回合胜出。让学者成为一名教练不意味着他或她在教育孩子的工作上比实践者做得更好，因为这不是师徒关系。教练通常更富有经验、想法并且在合作关系上更有洞察力。在新手教师的教育上，有足够的空间让学者与专家型实践者（expert practitioner）成为合作教练。

在专业人员的继续教育中，把学者—实践者关系视为教练—实践者关系，将彻底转变这种关系。如果问题来自实践者，而作为教师的学者不知道这些问题，那么他就不能起到教练的作用，因此他不能分享学习者的目标。这还将改变我们对于理论与实践关系的看法，因为在这种情况下，理论不再是传递给实践者，并让其遵守的规则。因为教练与教师之间必须持续交互作用，而我们也只能采用在行动中认识这个一般性的术语来理解这种交互作用。这提醒我们，教育中需要一种更为适用的认识论，一种实践认识论，以此抵制技术理性视野下的传统理论—实践观。

(五) 可行的项目

因此，为了反思性实践者共同体的发展，四条指导原则应该管理专业发展项目安排：实践者分析问题，聚焦于容易引起改变的特殊案例的困境，持续性地致力于描述缄默知识，应把学者看作实践者的教练。这些原则与各个层次教师教育班级形成显著差异，各个层次的班级将重点放在学生"学习"技能、观点或者事实之上，而不是引导学习者参与思想与实践的讨论，以及深入反思自己的经验。这个问题产生的内在原因是将行为主义的教条应用于教学，其结果是导致学习枯燥。这种教条很容易被接受，以至于我们急需制定目标，描述学生将要做什么。其缘由显然不是为了教育，而是因被评估所驱使。这种教条剔除了诸如"深度意识到自己的困惑与无知"的智性目标。教育目标分类学用粗糙且令人困惑的认识论迷惑教育者，这种认识论将知识视为应被接受而非被质疑的对象（Pring，1972；Socket，1971）。我们应该充

---

① 玛蒂娜·纳芙拉蒂洛娃（Martina Navratilova）是美国职业网球运动员，女子网坛的常青树，有"铁金刚"之称。——译注

分认识知识的本质，它反映在我们的教学中，如同我们在汤姆·斯蒂文森课堂里所见到的，也如同斯坦福案例研究用极好的细节所进行的描述（Grant, 1991；Gudmundsdottir, 1991；Hall & Clark, 1991；Hall & Grant, 1991）。

以上的四项原则是乔治梅森大学教育研究生院设计新的硕士学位课程的基础。起初，我们向8所中小学提供学位课程，并且仅提供团队（每个团队不少于三人）。后来，由于需求很大，我们又从34所中小学新招了143名教师。尤其当我们与教师及学校行政人员建立协作关系之后，四项原则中包含的理念获得了急速发展。其结果是我们建立了适用于任何教育硕士学位体系的新模型。该模式与传统硕士学位项目有六大明显的区别：招收团队、以工作场所为中心、成果驱动的探究、整合式学习经历、在伙伴协作中开展咨询式教学、面向质量的评估。反思性实践的认识论为上述所有观念提供了理论基础（参见第四、五章）。

从中小学招收教师团队而非个人，可以形成支持性氛围，造成影响学校文化的契机，以及为发展团队领导力和扮演教育性的角色提供机会。其目的是要表明，攻读学位是去建立个体、团队、学校部门、学校和大学之间的协作性契约关系。

学位项目的重点是在教师工作场所中获得的成果，而非理论导向的教学大纲。这不仅重视教师的实践智慧，而且还向教师发起挑战，激励他们形成对理论—实践关系的恰切理解，同时，应极其重视与工作场所密切相关的、具有理性严谨的成果（而不是考试成绩）。

该项目重视综合学习经验，以此替代利用晚上业余时间依次学习3学分课程的修习方式。项目初始阶段是一个常规的持续四周的暑期工作坊。学员围绕他们的思想来源和努力探究的一些基本问题进行讨论（参见第二章）；介绍项目涉及的主要内容（比如，人文学科、语言艺术）；对学员分享的校本问题进行初步诊断；学习某些教师研究方法，这些方法将随后予以应用。在整个项目实施过程中都会用到教练。暑期工作坊之后，参与项目的学员还将进行长达四个学期（两学年）和两次额外的暑期工作坊的学习。

在第一学期期间（第一学年秋季学期），有3—5天的集中时间，为第二学期（第一学年春季学期）做准备，在中小学实施第一次团队—教师的研究项目。第三学期（第二学年秋季学期）和第四学期（第二学年春季学期）采用同样的模式，要么拓展原来的研究项目，要么每个学期开展不同的研究项目。集中学习时间用来具体讨论项目或新增的相关资料。在最后一个学期，参与课程学习的实践者，为项目新进的团队，设计与实施持续四周的暑期工作坊。因此，学员的工作和研究相互重叠交织，这种学习经验增加学员看到工作与学习相互关联，以及促进广泛理解的机会。我认为，这种模式矫正了当前专业学习组织中无效的设置。我们认为，传统的教师学习项目将教师当作观众，要么以为他们想要成为研究者，要么以为他们想成为技术工人，总之不是专业人员。

在新项目中，都是由教练教教师。大学教师与行政管理人员和一线教师定期进行伙伴协作，支持项目参与者。参与项目的教师根据项目进程在由大学和管理部门等组成的协作小组中进行学习。我们不想以24人一个班的方式组织教学班，而是将招收的学员组成8个现场学习小组，每组3名学员。

持续改进是驱动评估（即质量评判）的标准。对于教师而言，智力和道德教育的任务不再是"达到等级"，而是建立持续改进的专业生活方式，迎接儿童提出的新挑战。这项原则融入项目发展的全过程，它不仅仅是目标，而且还是质量的标准，用来作为教师和师生共同作出评判的基础。

因为各方面工作坚持了我所概述的四项原则，我们和随我们一起学习的教师，正在形成一种强烈的共同治理和专业共同体意识。实践者在进入项目时和学习过程中，必须以向我们提交团队报告的方式，分析和确定问题。致力于解决由团队提出的现场问题，重点放在每一个特殊案例的困境，以及引起改变的可能性之上。从一开始我们就致力于要求教师撰写反思日志，以及在工作中发展基本能力。我们在这两个过程中探究默会知识与理解。学者和实践者的关系（可能还有其他教师—学习者的关系）正在变得不同，逐渐被定义为教练—实践者关系。随着我们在项目中不断以伙伴协作的方式开展工作，我们希望以更为广泛的方式去诠释"教练"这个术语。

二、行动研究：专业共同体的一种研究模式

我们主要通过重建学者与实践者关系着手创建专业共同体。这种关系形成于重新全面设计的硕士学位项目，以及去认识教学专业生涯中不同要素的过程中。教学研究成为共享共治的目标（shared collegial goal）。但是在当前认识论范式，以及具体体现于人类专业关系方式的控制下，这是不太可能的。为什么会这样呢？

大学的目标是研究和教学。正如《什么在起作用》（USDE，1986）中所描述的，大学的研究模式仍然是自然科学的。在自然科学中，真理的追求包括在致力于建立假设，以及满怀希望地发现控制自然界的规律的过程中促进描述、解释和概括能力的发展。自然科学采用的研究方法是实验。通过致力于对已有假设或规律的证伪衡量自然科学的进步。尽管不同科学研究范式的区分已由库恩（Kuhn）让人们所熟知，并在教育领域中表现为不同形式（Shulman，1986a），我们还是需要简要概述主导的制度化规范（也可参见第五章）。

在过去的数百年里，许多教育学者们一直努力效法自然科学的研究模式，以及衍生的做法。例如，为学者而不是为实践者写作和发表；将大学的工作视为"生产知识"。除去实证主义及其变种的内在弱点（Harre & Secord，1972），实证主义的教育研究将教师如同学生、家长或投影仪一样作为客观研究对象。那种以为可以从自我中获得客观性的假设是荒谬的。毫无疑问，这就是行为主义在19世纪战胜内省主义的一个主要原因。于是，在这种认识论中教师不可能成为研究者，因为一个人不可能在研究自我的过程中获得科学上的客观性认识。学者与实践者的关系因此非常偏狭，只限于研究者与研究被试的关系。当然，教师可以协助研究者，或者研究自己的学生及其行为，尽管这样的关系变味了。因此在这种研究模式中，研究共同体中的合作不仅不可能，而且非常荒谬。因而只能重复这样的说法，研究者做研究，教师教书。

虽然，基于这种研究模式的建立相互关联的专业在逻辑上存在可能，但是，我们还是需要探寻更具发展前景的研究模式。这种研究模式适合教学实践的现实需要。它不是从某个理论观点出发，要求实践适合理论。在许多学科领域里，行动研究是被广为运用的一类研究方式，教师研究就是其中一种。行动研究有不同的关注点。麦克南（McKernan, 1988）认为，行动研究的"主要目的……不是为了撰写研究报告，以及其他出版作品"，"行动研究旨在增进行动者在问题情境中的实践判断力"，这并不意味着应该排除系统性探究的公共性。

值得说明的是，在论证行动研究和教师研究的过程中，我并非表明我们需要在传统经验研究和行动研究之间做出某种最终抉择。我反对传统研究模式，是因为它傲慢地强调理智的支配地位，失于倡导用现实的判断力弥补自身的不足，且提倡者以其制度化形式阻止理智革新的方式，同时，理论本身面临严重的内在困境。这些困境并没有受到充分检视。当然，不可否认的是，传统研究模式为某些特定的研究领域开发了有用的研究方法，并已在某些领域建立知识体系（进一步的讨论，参见第五章）。

然而，行动研究更适合教育中的专业共同体。实践者是专家，没有他们的参与，教学研究就会失去平衡。对于正确地诊断研究问题，专家型实践者的观点至关重要。此外，如果实践者将会是研究的应用者和发动者，那么他们使用的语言必须嵌入研究。必须清除专业术语引起的困难。我们在前一章分析了"笨"的例子，像这种语言的意义就需要重新检视。专业也急需一些有效的以实践为基础的研究，即研究应尽可能贴近实践情境，以便持续地影响变革。实践者也能够通过将研究视作专业生涯所期望的组成部分来获得发展（Lytle & Cochran-Smith, 1990b）。最后，新手教师也能被引入一种社会政治和专业环境，在这样的环境中研究并应用是习以为常的。

行动研究除了上述一般意义上的显著特征之外，我还指出，在道德与理智的专业生涯的八个专业发展方面（参见第二章），教师的行动研究有其特殊的地位。在这里，教师的行动研究具有"理智"（intellectual）的特点。它表现为一种持续的自我评价、分析和理解的能力。这一能力对于促进自我专业生涯成长的理解非常重要。它为八个要素的相互联系提供了主动性和反思性的基础，这种相互联系是以一种个人自我成长的适当形式存在的。教师的研究因而可以促进和维持专业自治，因为它为教师提供了机会去生产（originate）作为课堂行动基础的教学知识（参见第四章）。

因此，对于一个实践导向的专业共同体来说，行动研究极具吸引力，它可以作为一种研究类型。教师—研究（teacher-research）仅是其中的一例，因为行动研究能够在护士、警察、军人或者其他各个地方运用。从历史的角度来说，行动研究植根于参与性的行动。从概念上来说，它为参与性的工作提供了研究方式。这种工作强调实践的方面，可以贯穿处于分离状态的专业。从专业上来说，它也为教师的个人解放提供了机会，让教师将自己视为能够书写专业生涯和个人生活的具有创造力的个体。

(一) 历史发展

什么是行动研究？我已参引过麦克南（McKernan，1988）并不十分严格的定义，但它足以表达我的意图。它囊括了在评价、课程开发和研究中所采用的方法论，以及埃利奥特（Elliott，1991）在"教师作为研究者"和"教师作为行动研究者"之间所作的细微区分。它是一场运动，即经由密切协作或伙伴合作努力缩小研究与实践之间的间隙。它有其特殊意义，不仅仅是一种反思实践的模式。

与理论—实践的应用科学观相较，行动研究在以下几个方面有所不同：

（1）行动研究的科学模式并不寻求普遍性或可应用于所用情境的规律，而是强调独特案例的具体困境。

（2）行动研究对可重复性论证并不作方法论上的严格要求，而是在某种程度上折中地采用人类学、社会学或民族方法学等领域的方法。

（3）自然科学研究可在任何时候从理论出发设计方案，与此不同的是，行动研究的方案植根于实践和问题解决。

从历史和实践的角度看，行动研究可以有三个不同的"合作"等级来区分：传统的，"弱"协同，以及"强"协同。这些合作的特点有待开发。

1. 传统的行动研究

20 世纪 50 年代，传统概念中行动研究的核心阶段，麦克南（McKernan，1988）将其描述成行动研究的时代，因为教师、学校与外面的研究者合作，通过成为来访者使他们的学生和教师能够为研究所用。对于与教学层面隔离的专业研究者来说，这是一个组织严密的策略（Corey，1953）。麦克南也这样认为，他将传统概念上的行动研究看作是教育制度的政治组织。研究者或者教师没有人设想过这种研究，他们认为这两者是不同的，在大学中，研究者就是做研究，在课堂中，教师就是教学。

但是我们必须假设科里（Corey）与他同时代的人，这些追随库尔特·勒温（Kurt Lewin）脚步的人，他们推崇的设想包含有一些他们所见的作为基本理论术语的内容，甚至他们可能对于机构太过传统，没有看到事实上勒温已经提议过的，作为研究伙伴从业者们所含有的逻辑性。这些想法的主要特点还没有达到组织的形式。它还是一个在传统政治操作框架下的一个基本想法，因此处在"真正"制度性目的的边缘地带。

2. 行动研究中的"弱"协同

行动研究、教师、研究者以及其他以团队合作形式工作的人会逐步走向"弱"协同。这个阶段源自于传统概念想要扎根的失败。互动研究在 20 世纪 60 年代到 70 年代中期得到很大的发展。这个阶段在美国和英国，案例研究得到快速前进和发展，它们利用自然主义和定性的方法论，还有社会学、人类学和其他组成的方法论构建阵地。这也是教师研究开始作为行动研究一种类型的一个阶段。在制度面前，大学与学校之间联系逐步建立，小型可选择的体系都在逐渐发展，尽管步伐较为缓慢。

但是，美国巨大的教育环境变化得很快，在 20 世纪 70 年代，朝着构建意志坚强的责任体系方面发展（Darling-Hammond & Berry，1988；B. Macdonald，1977），然后在 20 世纪 80 年代，又朝着专业化的方向发展（Darling-Hammond，1988）。为解决一般的教育发展难题，制度合作是我们不能拒绝的，但是不幸的是，这种被认为是速效对策之一的方法要面对的是已经成为一种习惯的美国教育。即使它经过许多的实验，也只有少数人能像约翰·古德莱德一样为了一个值得花时间的想法去耗费时间。

制度去除了一些关于传统合作的说法，增加了一些个人范围内的合作。合作较弱的说法扩展了制度上的伙伴关系，但是没有改变那些制度。实习教师可能会被邀请去教大学或者研究生的课程（通常因为找不到学者）；联络委员会将会成立，发展行动研究中的一些计划选修课程的等级，研究者们为了在教室工作而进行协商，偶尔需要与学校领导、大学部门或者他们代表之间进行会议。制度内部的热情第一次爆发过后，坚定的参与者将会形成联系。这种微弱的合作伙伴关系我们在职前教师教育中已经见到。

3. 行动研究中的"强"协同

行动研究内外的合作观念已经从概念上进步了，从作为"互相作用"较弱的说明变成对合作很强烈的解释，这预示着一个联合学院和大学合作机构的"聚变"式时代的到来。

学校的专业发展意味着某种强烈的合作或者巨变。但是在行动研究中，着重强调合作是为了试着给学院和大学发展一个制度性的体系（或者是为一个专业），这种体系能够匹配行动研究的认识论，同样地，现存的大学体系也能与管理层提供的科学认识论相匹配。事实上，因为我们所拥有的制度性的合作关系，那也必须成为目标，就像我们与我们的专业共同体一起工作，其中必定会反映我们对于什么构成了专业知识和理解的观点。

斯洛特尼克（Sirotnik，1988：174）用强有力的版本举例，当他通过量表做合作性调查时，研究与评估两者之间得到联系。他描述了实证主义者所提倡的传统评价存在的不充分的地方，并且展示了行动起源构成的调查是非常重要的以及它是如何促进计划自身的发展的。他推动合作性研究范式的发展"通过这一逻辑性的总结，弄清楚了社交行动中不可避免的评价性"。斯洛特尼克这种稍微联系合作性（弱协同那种）概念的逻辑认识论，最终让位于制度性的聚变（更加强烈的那类）。不管以什么来计量聚变，这也是一个清晰的政治制度议程和作为一个共同体的职业议程（Goodlad & Sirotnik，1988；Pine & Keane，1990）。

（二）专业共同体的含义

鉴于行动研究的传统观使得每一件事从本质上如它之前一样，认识论的演进随着合作性活动的增长而发生，这一变化对于专业共同体有着根本的意义。

首先，它提供了一种新的制度形式。政治的（即专业共同体和制度的相互作用的特点）与认识论的（职业中使用的知识理论）持续的相互作用。在弱协同的最后部分是伙伴关系的形式，这通常是为了达到在现存制度之间的一些特殊受限的目标。在强协同的最后体现了一个对于整合或者聚变未明确的目标。在这种情况下，专业共同体，一个新的"融合的"制度需要去接受新认识论所提倡的合作，以及去面对教育发展中遇到的挑战，尤其是为了研究的实施。强烈的合作性的行动研究预示着新制度形式发展得很好，超越了学校专业发展的第一步，尽管以我所知，他们还没有完全准备就绪，因为许多大学教师联盟都是处在学校和大学的边缘地带。

其次，它引发了一个问题，就是制度或者个人的合作是否应该成为概念上的或者实践上的关注点。关于行动研究中合作问题的讨论，没有将焦点放在个人组成的单一专业共同体的角色上（学者和实践者），而是放在制度上（大学和学院）。在朝着专业化发展的过程中，拥有了对于个人角色的关注，无论一个人是教师、管理者或学者，个人而非制度都会成为改变的目标。一方面，有一个小规模的合作设想，它的关注点在个人；另一方面，有一个大规模的重建和改良制度的设想。行动研究课程的合作模型中，似乎更加注重研究个人，对制度的研究较薄弱。它需要在合理的情境下，对统一专业共同体中的教师研究进行更加细化的探索。

三、专业中制度和个体的协作

在传统的模式中，制度保持着它原来的模样，因为研究者跨越鸿沟进入学校。在稍弱的合作模型中，一些研究者开始将教师视为搭档，大多数研究者经常会遇到一些教师，这些教师同时也在寻求更高学历的学生。连续的是一系列的不同的制度，建立合作为的是促进机构间的议程。这些不同类型的合作形成了行动研究的环境。

（一）角色授权和人的解放

通过这一文献，合作性的行动研究有一个与众不同且重要的概念。自然状态下，一个人的重点似乎会放在作为角色占用者的教师身上，然而，在制度体系内，其他重点放在了寻找诠释他或她角色方法的个人身上。前者讲的是授权，后者讲的是解放。作为一个专业共同体，在讨论教学时，无论是个人道德形式和有效的实践专业化形式，还是根据个人的首要重要性来说，角色问题都是关键的。然而，个人与他或她所从事的职业之间是一种什么样的联系呢？如果我们看待这一关系的方式没有明显的不同，那么授权与解放之间的区别将没有那么重要。

作为插曲，我们可以通过教育类比探索一个哲学的隐喻，以此澄清事实中的一部分。琼斯校长的工作完全在官僚制度的设立范围内展开，这一制度界定了他作为校长的职责。的确，他不能设想做任何角色规定范围之外的事。对规定进行具有创造力的解释，甚至偏离规定内容的想法在校长的理解力之外。当琼斯回到家面对他的妻子和家庭时，他就是另一个角色，是一个丈夫和父亲，或者接管着其他的角色：没有谁能够说他应该做任何事（不是琼斯校长的角色）。个人能够根据他理解的"规定"需要，扮演好角色之内的事情。对个人来说他喜欢某个角色或者某个角色是苦闷的丝毫没有意义。他只是角色的集合。无论是选择者、爱好者，还是不满者，没有一种角色可以单独存在。

另一方面，史密斯校长将规定视作她的一套指导方针，但同时也是持续批判的一个东西。对于规定如何解释，以及他们是否是为了教育的目的服务，史密斯校长加入了自己的理解并对其产生影响。她花费了大量工作时间想要弄清楚如何"在体系中工作"，如何避免让角色中的自己被规定控制，或者在那种事实下，如何避免学校中存在的包括她自己、教师和学生的"暴政"。她为自己所扮演的角色进行定位（妻子、母亲、校长），并且她将传统的角色规定看作是她做事的障碍物、绊脚石。然而，她真的会做决定吗？原则上，是的。但是，角色的公共特点仍然重重地压在她的身上，那就是，在日常的经验中，可做选择的空间是有限的。

似乎，史密斯校长想要成为的是一个更具说服力的人，因为很难去理解一个人，就如同理解琼斯校长在真实的生活中是什么样的一样。所以我们需要的是，借鉴霍利斯的观点，分析个人与他或者她的角色之间的关系，这种角色是"一个自由的社会人，能够通过自己的选择，在角色设定一致的前提下，理性地扮演自己的角色，从而创建属于自己的社会身份。通过接受作为职责的工作，成就他所选择的事业"（Hollis，1975：212）。这也意味着，无论有多少人因为制度与社会接轨，个人的观念和道德是最重要的。

根据更多理论，霍利斯（Hollis，1977）对人性的两种观点进行了区分，这些观点影响我们如何看待个人与他或者她所拥有的角色之间关系，他分别将二类人称为塑料人和自主的人。塑料人（琼斯校长）主要是由原因和效果塑造形成：在一个核心的价值体系内，这一类人作为拥有一个在他身份之上的推力的个人出现，被动任职于社会经济关系中，拥有着遗传程序设计力学的遗赠，动力和性情。大体上，这些管理塑料人的人将他们看作是角色的构成部分。没有人（除了他就是一堆东西）会仅是一批角色。另一方面，自主的人（史密斯校长）是一般意识上具有隐私、自我感知、身份和理性的人，他们会挑选自己所要扮演的角色。这些概念是非常明显的，但是被动的塑料人的立场常常会受到制度和构成角色的控制，在这其中他们才会找到自己。然而，自主的人，他们认为我们可以永远选择我们想要扮演的角色，我们对于人类行为的理解也不需要听起来真实可靠（也可以见第五章）。

人类更适合被看作是个人，而不是一批角色。史密斯校长，作为一个理智的人类，展示给我们的是我们可以解释、评估、批判以及重建任何我们将要扮演的角色，而不仅是接受权威确定的作为法律意义上的义务。因此，我们可以与我们的角色之间保持一定的距离，虽然我们的确是他们的创造物，但是只有保留那样的距离，我们的自尊才会有存在的空间。这就是个人的概念，这个概念以贝特森（Bateson，1989）关于在生活及其模型的框架之外工作时，我们应如何谱写生命乐章，如何完成角色内外的转换的报告为基础。

（二）个人和制度

在教育中我们倾向于更关注制度。这也意味着我们很少关注个人道德自主的重要性。制度化的教师可能仅被简单地认为是某些人游戏中的卒，角色中的他们被各种形式的规则和标准控制。制度是非常有力量的，除非一直主张个人自由和专业责任，否则它尤其助长了某种傲慢。我们在不同形式上都受这种傲慢制度的迫害，为了与之对抗，我们需要改变自己对于角色的看法，以赋权给个人，对于其他事，制度的力量能够逐渐削弱专业化责任的概念。例如：我们可以建立合作决议的程序，更宽泛地来说，建立校本管理。另一种对抗这一傲慢的方法是形成一种职业共同体意识，依据专业标准，在共同体内进行广泛且普遍的共享视角下的个人自治。

依据我的观点，斯洛特尼克和古德莱德（Sirotnik & Goodlad，1988）对于强协同的观点是激进的且富于想象力的，但是对于拥有专业角色的教师个人而言，他们缺少一种稳健的感觉，因此，面对一个有道德的个体时，他们给出的是一种不合理的权重。的确，角色中的个体需要授权，但是个人也需要解放。授权与解放之间的矛盾是通过不同路径理解专业教师的核心。麦克南（Mckernan，1988）似乎主要关注的是教师个人的改变和制度力量意识的缺失。斯腾豪斯（Stenhouse，1975）在对于教师研究的倡议中关注的是自制和解放的概念，还有就是充分的实践认识论。对他来说，教师型研究者就是一个与角色占有过程中存在的道德问题相搏斗的人。他的承诺就是从官僚体制中获得解放（无论是受控于学校行政机关还是大学）。在斯腾豪斯关于专业化教育的讨论中，舍恩看中的是专业化教育中的制度，他发现反思性实践者作为一种角色关注的是角色如何表演，而不是如何解释角色本身。埃利奥特（Elliott，1991）提出从福特教学计划中最主要的假设出现，趋向于关注教师个人改变的问题，尤其是自尊方面，那就是某种程度上他们在角色内有别于他人的原因（也可以见 Elliott, Bridges, Ebbutt, Gibson, & Nias, 1975; Rudduck, 1991）。通过对比，斯洛特尼克简述了在一个团体过程中被解放的参与者。合作性的调查是关于"缜密的和持续的交谈"，在交谈中个人能够"讲述他们的感受以及他们自己的信仰、价值观和兴趣……参与其中控制着讨论"（Sirotnik，1988：77）。在这的人是为了学习在一个重新定义的角色中需要些什么，但不是由他或她来决定的。他或她不是那个角色下的自我意识的批评家。对斯腾豪斯来说，团队的进步是在与权力做斗争的环境中的个人得以解放的工具。对斯洛特尼克来说，它是角色解放的一种工具，是一种社交能力的问题。

这些例子，因为他们的重点不同，无疑反映了研究者个人不同的兴趣点，它本身也在政治的基础设施中反映出来。英国研究者现在已经有很多自治教室和自治课程，并且英国的行动研究者已经开始实践那些设想。美国人可能更关注的是体系而不是个人，因为，他们的体系已经远离了当初在正当程序范围内的工作，并且已经抛弃了父母代理人（Loco parentis）的观念，因此，教师个人在他或她角色内的活动是受限制的。规定的课程描述了内容，严格限制了教师课堂行动的范围。但是，行动研究或者教师研究需要着重关注而不是单独关注一个人。这就鼓励我们将少部分的重点放在公共需要的责任与义务方面，更关注作为个人对那些制度能够做的贡献。例如，一个教师研究者利用部分的工作时间进行教育实践，可能会引发教师与学校董事会之间政治上的矛盾。

（三）专业成长过程中的约束

在这里，我尝试着去列出个人与角色之间的复杂关系，作为专业发展和单个共同体创建任务的一部分，我也想去证明对于专业人士来说，授权和解放的概念与它们两者之间的关系是不同的。这对于制度方面和个人方面都是很重要的，一个全面的专业化尝试需要关注个人的解放，关注他/她在新的制度组织中的解放。例如，如果我们有制度的改变，如重建的学校或者原址基础上的管理，那么我们必须为个人的改变创造条件，例如，教师的解放。这为角色提供了所需的广泛的关心。

对于个人的关注没有因为"一线生机"而进行庆祝，事实上，它对于孤立状态被打破、个人以小组或者团队的形式工作的工作场所的专业发展是非常重要的。他们以志愿的形式聚到一起，因为一个共同关注的问题疲惫不堪，他们从别人的智慧和领悟中学习，从而提升自己对于教学行为的新形式的反应和接受能力。问题是作为单独的或者是以团队的形式，行动研究如何一直持续关注制度和个人，同时它还试图去匹配制度性的认识论体系。桑格清晰地总结了这种情况的一个方面："在他们的较量中，行动研究趋向于授权给个人，提高关于专业教育实践理解的清晰度和实施效果。但是，处理制度化的

政治事务将是另外一件事情。"(Sanger,1989:6)

霍林斯沃斯（Hollingsworth,1990）从其关于教师研究者的著作中区分了四个主要的影响教师解放或者自由的障碍，如下：

(1) 在书写之前缺少有关个人教学观点交流对话的参与机会；

(2) 当从事全日制的教学工作时，课题对于教师来说太大了，以至于难以处理；

(3) 分析方法与问题不太符合；

(4) 缺少充分的引导、支持和估计。

如果行动研究不能被看作是工作的核心，教师如何抽出时间去进行行动研究的呢？为了行动研究，教师是如何被训练的？因为人与人之间可能存在的摩擦，他们能够将一些复杂的制度性问题当作是研究问题吗？许多问题依靠的是我们所想的，包括教学，因此作为职业生涯的专业发展框架，什么才是重要的呢？如果在职业生涯的观念方面，教师研究对于少部分专注的灵魂来说仅仅是一个额外的操作，而不是通向专业发展和教师解放的主要途径，那么耗费的时间明显是不太值得的。当前的处境就反映了通常人们理解的教育研究认识论的力量，同时还有大量的盟友、国家和大学官僚机构的支持。通过专业性的发展机会和其他方法，统一专业共同体的发展，已经被看作是远离了部分的管制和约束，为个人创造了机会，同时也为一个职业的渴望做出了贡献。拥有了以上的条件，统一专业共同体的出现将会变得便利。

我在第二章和第三章宣称，是我们应该朝着教师统一专业共同体的目标迈进。自从合作和伙伴关系的形式在行动研究方面是有必要的，我已经将专业发展作为共同的主题。我已经表明了职业中的教学框架应该是什么样的，并且建议为教育新手和教育硕士学位计划的创建制定些参照标准。这种学者——实践者关系的改变必须假定为在研究生教育的一个主要的改变，在这过程中关注点从理论转为理解和改变实践，个人智力上的关注点在于他们复杂的角色和工作场所。我已经强调了，在教学中学者作为教练的重要意义，以及在合作研究中学者作为搭档的重要性。我已经讨论过了行动研究（其中教师研究是一个例子），通过开始一种共同文化的发展，意味着我们已经朝着统一共同体的目标前进。尽管在这个进程中，制度的和个人的发展都很重要，但是个人的解放而非授权才是一个人职业生涯以及专业共同体发展的核心主题。我相信，对于所有教师来说，不管他们是教授、授课教师或者是地区的主管，它都非常适用。

第四章 专长即德行

这里，我们将思考的焦点从专业共同体转向专长（professional expertise）这一专业素养的核心议题。我们中的绝大多数人更乐意称之为专业知识（professional knowledge），那么我们该如何解释这一概念呢？如今人们不再赞同教育理论和实践中长期存在的实证主义认识论，因此涉及专长的问题，我们可以尝试提出另一种解答。我将在本章和第五章，简要论述这种可能的路径。

在本章中，我从教师专业素养的道德品格（moral character）入手，尝试分析理解教学实践的五种主要德行：诚实（honesty）（S. Bok，1978）、勇气（courage）（D. N. Walton，1982）、关爱（care）（Noddings，1984）、平等（fairness）（Rawls，1972）以及实践智慧（practical wisdom）（Shulman，1987，1988，1989）。随着对五种德行逐一进行解释和讨论，我将尝试在第五章中就如何根据这种德行基础构建一种教学实践认识论（epistemology of practice for teaching）提出建议。描述人的某个具体品质，比如说一种德行，这里我所指的是通过学习获得的个人身上具有的一种持久的道德品质。德行本身自带固有的标准。所谓专业德行（professional virtue），我指的是渗透于教学的社会性实践之中的后天形成的道德品质的集合。它对于完成具体的专业任务来说是必要的。

这五种德行在教学专长中处于核心地位。虽然其他的一些德行也很重要，但是对于我而言，这五种德行是教学的基本要素，教学必须具备它们。第一，尽管教师传播知识、交流真理（trade in truth），但是，诚实和欺骗的问题却是这些情境中的逻辑构成部分。第二，学习和教学都会面临困难，承担理智和心理上的风险，这需要勇气。第三，教师应对个体的发展负责，这是一个需要对个体付出无限关爱的过程。第四，在民主机构中，平等对于规则的运行非常必要，事实上在一对一的关系中也非常必要。最后，实践智慧是复杂的教学过程中所必需的德行，当然，教学过程中也需要依据教学情境的要求运用一些其他的道德，例如，耐心等。乍一看，这些道德似乎是关于理智和情感方面的，而从某种程度上来说，谦虚（modesty）并不包含在内。然而，我最关心的是我们能否从德行的视角发展一种实践认识论，当用德行的词汇来阐释教学时，我们可以表达一种什么样的知识。（本章的基调并不是一种道德说教。我既不是抬高自己作为德行的榜样，也不是出于某种要求对他人应该如何作为的道德高标进行讨论。）我将从诚实与欺骗开始我们的讨论。

一、诚实与欺骗

社会生活中，通常很少有人会怀疑对诚实的需求。作为一项基本规则，如果人们不讲诚实，就很难想象社会如何具有凝聚力。如果我们缺乏诚实，当伊丽莎白询问如何去新学校的时候，她可能被指向加油站，她只能将路牌当作艺术品而非指路信息。当辛普森夫人从货架上取下了一个贴有"豆子"标签的罐头时，她可能拿的是芦笋。语言作为一种社会生活的工具，如果没有以下的设想，它就会崩溃，那就是，通常人们用语言传达的内容是真实的。无论对于这一事实的解释多么复杂，我们的社会生活都是建立在真实的假设而非其他的基础之上。大多数人和我们一样，遵循着讲真话（tell the truth）的准则。如果我们在日复一日的生活中不能如此讲真话，那么我们将无法想象社会生活能保持连贯紧密。

除以上假设外，认为人们的欺骗行为事实存在或名义上存在，从而经常撒谎的理由是：人们并不介意自己或别人对他人不信任或者某人就是天生的说谎者。没有人否定诚实具有重要意义。这个领域中较突出的著作是席塞娜·博克（S. Bok, 1978）的作品《谎言：公众和私人生活中的道德选择》

(*Lying*：*Moral Choice in Public and Private Life*）。该书具有的权威性来自于它发现对行动的实际判断依据于具体的情境以及严谨的哲学推理。博克提出的不仅仅是一套明智的妙策，而且是有助于行动的合理处方。她区分了真理（truth）与符合实际（truthfulness）之间的重要差异，并以此展开讨论：

> 在所有这些思辨中，存在着概念混淆不清的巨大风险。我们没有看到两个领域之间至关重要的差别：即意图符合实际（truthfulness）和欺骗（deception）的道德领域，以及真理（truth）与谬误（falsity）的宽泛领域。关于你是否说谎的道德问题并不能通过你所说的是真理还是谬误而得到解答。要回答这个问题，我们必须知道你是否有意使用你的陈述误导别人。

然而，在教学过程中，忽视和有意误导同样都会产生欺骗，这正是我们在欺骗行为中必须关注的。各种欺骗也存在于诸如审查的此类问题中，比如阻拦相关信息的披露，将制度权力藏匿其后，对各种偏见不加检视，其中最重要的可能是忽视或不关心什么是真实。在教学过程中，关于欺骗的案例中，忽视的问题与有意误导同样大量存在。教师对待真实的态度存在多种方式。这涉及的是教师品格和教师专业道德（professional integrity）（参见第七章），也在教师专长方面具有方法论和本质意义上的重要意义。在问题中迷惑不解，在生活中模棱两可，时刻准备另谋出路，这些不仅都是教育孩子的方式（一种手段），也是孩子正在被教授的内容（一种结果）。博克（S. Bok，1978）在书中含蓄地表达了怎样才能使内容与方法之间不产生严重的分离，使我们能够询问有什么技术让人变得诚实。这就要求教师无论作为一个人、一位公民、一位教师，还是一个家长，都要避免忽视和有意误导，保持真实性，坚守自身正直。然而，真实性需要在教室里一个接一个的情境中进行锤炼，使得教师能够做出道德的决策。

处于教师专长核心地位的有关诚实或欺骗的五个不同方面是：对事实与虚构的理解、对追求真理的关注、信仰的伦理（an ethic of belief）、信任建立,以及追求真理的热情。尽管措辞似乎相似,但是每一个都不同。

(一)事实与虚构

首先教师本身必须能够理解并区分事实与虚构,将此教给儿童,这并不简单。汤姆为孩子们画的富有想象力的肖像被孩子们理解成虚构作品,虚构在这件事中的存在,就如同一本很好的历史小说,在准确描述真实事件的确定框架内仍有虚构的成分。事实上,汤姆在工作中需要追求准确性,儿童也需要在学习中追求事实。汤姆不是个会为孩子提供画好的军人的这类型老师,在汤姆的想法中,这些军人到底戴的是鸭舌帽、毡帽,还是头盔、大手帕、毛质高帽并没有那么重要。如果他们是16世纪的西班牙人或者是官员,他们可能戴的是这种类型的头盔而不是那样。如果汤姆不担心孩子们能正确地找到证据,他可能会讨好地欺骗他的学生。

众所周知的发展心理学研究表明,儿童在区分想象和真实的方面的认知发展是人类生活的核心能力(Piaget,1968)。伊根(Egan,1986)关于教学中使用故事的言论是有价值且有前瞻性的,尤其对于幼儿来说,他的观点暗示了作为一种平衡真实的存在,儿童想象力的发展是十分重要的。他也使我们意识到虚构的作品可以使我们更好地理解世界,了解现实:看到了神话故事与孩子对善恶理解的发展的相关性(Bettelheim,1977)。例如,辛普森夫人和伽布利里·约翰逊准确地在儿童最为重要的发展阶段进行教学。

这里列举一些教师不诚实的例子,比如无视事实、心存偏见,以及错误的表达。在一堂高年级文学课堂上,假如有关哈姆雷特的弗洛伊德观点被忽视,或者仅仅教授这种观点,同样都在严重地误导学生。在科学课上,如果教授核物理而不关注其对环境与政治影响,我会认为这是一种欺骗。在幼儿园里,像性别歧视者和种族主义者的所作所为那样,在孩子们喜欢的故事里隐晦地植入偏见,这也是一种欺骗。在历史课上,当发生争议的时候,任何使得学生认为"这就是事实"的做法也是一种欺骗。教师可能觉得他们应该顺从于侵略主义和爱国主义,但是这场战争的真相是什么?这是侵略,那是屠杀吗?诚实和欺骗是教学的核心议题。显然,教师的任何言行都可以用它们与真实的关系来评价。避免欺骗应是无所不在的教学技术。正如博克所说,这在道德上非常重要，因为欺骗使人在对他人行使权力时变得武断。

（二）提问与对真理的关注

专业教师关注真理和如何获得真理。这意味着什么呢？汤姆的德行专长（virtuous expertise）主要是他向儿童提问，帮助他们探寻真理的道德技艺（moral skill）。从这个角度来说，提问不单指适用于分析、回忆等活动的一套技巧，而是涉及何种问题（紧贴学习内容）能够促进开放地寻求真理。回想一下电影《死亡诗社》开头具有某种倾向性的场景，影片描写一所传统预科学校的严苛条规、道德观念，以及对学校的高期望。该校新近任命约翰·基廷担任教师，他是一位标新立异，不会墨守成规的校友。他对男孩们的理智与忠诚发起了个人与朋辈间的挑战。当基廷和学生们观看优秀校友的照片时，他提出了一种"及时行乐"的哲学。基廷没有检验这种哲学，我们有必要追问他提出的问题是否显示他对真理的检验抱有兴趣，或者它是否就是一种控制、一种灌输的形式，一种欺骗者使用强权表达的不道德的谎言。

另一个例子是：在实质性的道德教育（a moral pedagogy of substance）中，多项选择测验（这种测验欢迎猜测，因为错误的猜测不会受到惩罚）中的问题选项处于什么地位呢？当我们知道他们所猜测的答案正是我们所想的时候，我们是否正在误导孩子？（这些答案与证据显示的正好相反）另外一个例子是：考虑到讨论中总爱唱反调的人，教师提出的问题仅仅是一种技术吗？什么时候，并且在学习者什么样的年龄段提出问题是恰当的？当依据伪善来评判时，在什么样的情况下提问被视为是一种技术？

让儿童猜测答案是否体现了一种追求真理的态度？有这样的一件事，在我是一名师范生的时候，我在一所伦敦文法学校里接受了著名的教育史学家比尔斯的指导。他是一位对课堂有着极好感觉的出色新手教师。一次，比尔斯见我在课堂上请一名学生猜测一场战役的时间，他感到很愤怒。在我们随后的讨论中，他指责我背叛了历史和历史学家，因为我没有注意到如何去获得证据。他说历史学家从不猜测，我们必须以事实为依据。

对于教师而言，将追求真理和随性的开放混为一谈，是一个巨大的陷阱。这在虚假的提问中是显而易见的。新来的师范生说道："你们所有人怎么看待卡斯特?"他知道所有答案,问题就此打住。这位师范生没有帮助学生发展基于证据的深思熟虑,而是诉诸平庸的"所有人有权说出自己的观点"、价值澄清的碎片(Sockett, 1992)。对于一位持开放心态的教师而言,这种理智的自由主义的方式极易放弃对冲突立场的严谨检视,成为在真理问题的面前作出艰难选择和决定时的一种推卸责任的方式。有时教科书审查制度会阻止教师这么做,但它可能不像自我审查(self-censorship)那么有力量。自我审查常常伪装为一种所谓开放心态。如果教师不具备作为专业德行的诚实,没有深刻认识破坏教育事业的多种欺骗方式,那么他们不可能提出这样的议题,即探索追求真理的方式。

(三)信仰的伦理

孩子们必须被教授有关信仰的伦理,因为这些不是与生俱来的,他们需要学会相信没有证据的事情在道德上是错误的(Quinton, 1987)。一个听上去十分教条,又有点极端的例子可以说明这一点。纳粹在教科书上宣称犹太人是掌握世界财富的非人类怪物,这种言论到底为什么有害?有两点回答:第一,他们教给孩子的信仰是完全不道德的、在事实上也是不正确的。第二,他们摧毁了孩子的脆弱能力,他们用这种能力获得与真理相符的信仰。他们隔断了每个孩子需要去理解的联系,即,信念与事实之间的联系。相信什么是真理或者什么是有充足证据的,这本身就具有道德的重要性。(参见第五章)

毫无疑问,这要求孩子必须表现出以何种方式追求真理。并且无论个人偏好如何,他们必须基于最佳证据而形成信仰。这是一种原则的形式化表述,它内涵丰富,且复杂。当然,教师还需要通过教学要求、具体事例、切实帮助,以及直面事实的真实道德复杂性和与勇气来指导学生。如果学生们不去直面事实及可能的困难,他们就不能够成为复杂的民主社会的公民。在这样的社会中处处都是需要关注证据的艰难选择。在一些社会中(例如北爱尔兰等),人们伴随着神话成长。这些神话如此有力量,以致实际上他们不能获得相应的真理。当我们面对偏见、种族主义者、性别歧视者时,我们必须意识到,尽管建构真理十分困难,但是相信真理在道德上是很重要的。

事实上，从任何程度来说，这对于所有教师都非常困难。在像北爱尔兰这样处于困境的市民社会中，我碰到许多生动的例子，这些例子都是关于教师因为某些孩子的回答而不知所措的。例如，我了解的一位教师在新教地区的学校课堂上准确地告诉学生，教皇在博因河战役后剥夺了威廉三世国王（新教英雄）的荣誉。一个孩子不仅说他不信，同时告诉老师，如果自己不对老师的言论做出反应，他的全家将会暴打他。尽管大家都在威胁他，这位教师还是勇敢地坚持自己的言论。这个故事中存在着许多的问题，其中之一是孩子拒绝面对证据并拒绝解释。而这时教师试着教授给他信仰的伦理是最重要的事。

（四）教室里的信任

专业教师营造的教室充满复杂性，其中信任至为重要。教室的情境可以让孩子们信任教师，不是因为他们受到有关诚实的强制要求，而是孩子们知道他们不会被欺骗或受到其他方式的麻痹（Nias，1975）。在这样诚实的班级氛围下，最主要的一个障碍就是家长制谎言（paternalisticlie）的流行。我们故意不陈述事实（因此欺骗某人），因为我们（作为家长式统治者）判断他们不适合知道这个事实，因为他们年纪还不够，还不够成熟，或者其他一些理由。我们搪塞或者干脆找一些其他的方式掩饰过去。麦吉是一位高中的年轻实习教师。她给自己低年级的班级布置了有关禁令的研究项目。由于学生非常信任她，她收到班级三位学生完成的一个研究项目，该项目的报告是一则讨论录像。讨论的内容是在家中或小酒吧里喝啤酒是否应该被禁止。在课堂上，当录像内容已经明了时，麦吉机智地停播了录像。对麦吉而言，搁置这些纵容饮用酒精的内容是非常容易的事情，但是她明智地参与讨论，将其作为重要的讨论议题，并且给这个研究项目打了75分，理由是他们在这个项目中作出了错误的判断。麦吉如此作为，是因为她将学生视作青少年而予以严肃对待，正是因为这样，学生愿意请她介入他们的生活，参与他们的讨论。无论何时，她的行为都不存在掩饰、欺骗或纵容。

席塞娜·博克（S. Bok，1978）认为，从一般意义上来说，对孩子们说谎不存在任何好的理由，因为他们是孩子。尽管家长制的谎言有时候很容易被理解，获得认同感，但是存在着特别的风险。首先，这可能导致为了维护借口而必须说更多的谎。其次，如果谎言被发现，那么父母的信任度就会受到威胁。其三，家长制的欺骗对于人际关系来说是一个巨大的威胁，因为欺骗会破坏任何一种关系的质量。最后，对那些被欺骗者的各种利用同样存在着风险。

对于教师来说，暗示非常重要。如果我们（以家长制的方式）欺骗，我们很可能要撒更多的谎。如果我们被发现了，我们所说的话将不会再被学生相信。如果那种情况真的发生了，教师与学生之间专业化的关系就会彻底被破坏。随后，孩子将不会再关注事实，关注的仅仅是做什么能取悦教师，以及做什么能够获得高分或通过考试（制度中信任关系发展的记录，参见第六章）。

还有一种（家长制）欺骗类型，是由于误用权威所导致的。有这样一件轶事。我曾是一名实习生，有幸与彼尔斯及他的一位朋友爱德温·皮尔共进晚餐。皮尔是研究皮亚杰的著名学者。他告诉我们他当天刚刚考核一名科学学科的实习生。这位实习生在班上做实验，他想通过实验诉学生，石蕊试纸会变蓝，结论是它呈碱性。然而，石蕊试纸并未改变颜色。皮尔说，这位年轻的女士向全班说道："好吧，它本应该变蓝的。"她继续上课，让全班同学描述实验，仿佛试纸已经变蓝。于是，皮尔即刻给了她一个不及格的分数。他说，不理解科学基本原则，而准备利用自身的权威去欺骗孩子的人，不能也不应该从事教学工作。

（五）关注真理

教师必须关注真理。布兰登（Brandon，1987）认为教师并没有做到。他认为，学校所做的事情几乎没有传递真理。教师经常错误地表述知识。教师为了便于传递知识，会篡改知识。布兰登认为，学生具有不确定性。我们教给学生"事实"（facts），但没有告诉他们审视这些事实的不同方式。我们也没有告诉学生可辩护的观点，或者我们处置事实的认知方式。我们几乎总是把价值被当作事实来教给学生，因而"欺骗的欲望是不可避免的"（Brandon，1987：77）。有时，我们会放任自己未经检验的偏见。我们会接受扭曲真实世界的审查制度。我们甚至会熟练地掩盖真相，故意欺骗孩子。上述例子中的任何一个，我们作为教师做了什么、说了什么都会成为教学实践质量好或坏的核心部分。然而，这在教学研究报告中很少被作为专题来讨论。

专长主要体现于教师对真理的不懈追求，因为真理是重要的，而且讲真已是一种道德品格（Williams，1987）。教会学生区分现实与虚构、关注对真理的探寻、传递一种信仰的伦理、与孩子建立一种信任关系以及发展一种深层次的对真理的个人承诺。这五个方面的教学都与诚实的德行、避免欺骗有关。

诚实与欺骗的议题进入专长领域有着多种方式，论述这些方式需要呈现大量的、描述式的丰富性。这需要精致的"反身性民族志"（reflexive ethnography）来认识与发展我们对于教学的道德理解。人种志可以提供丰富的内容，供我们对诚实的专业德行中所见的教学法进行分析与评价。当我们作为专业人员或评价者，对课堂进行反思性观察的时候，我们可以透过诚实的视角，因循上述五个方面展开评价工作。某些教师可能具备"技术上"的胜任力，但是用布兰登的话来说，如果他们不关注真理，那么他们将不具备胜任力。

或许，布兰登是正确的，各种形式的欺骗已不再是教师办公室里的流行话语。或许，大规模学校教育引发的我们与他们对教育情境的理解已粉碎种种欺骗。或许，在一个工业化的系统内，欺骗已成为在学校中获得生存的必备技能。或许科层体制制造了如此复杂，且依赖规则治理的系统，在这一体系下没有欺骗的学校生活是进行不下去的。或许我们不能正视诚实，将它视为专业能手的德行，因为在我们的机构、大学和学校里满是欺骗。似乎毋庸置疑的是，诚实与欺骗已是教学的中心议题。然而，迄今为止，似乎没有人对此予以特别关注。

二、勇气

罗伯特·格瑞夫斯（Graves，1966）记录了辛普森上校的英勇事迹。第一次世界大战中,在距离德军前线20码(20 yards)的地方,他被击倒并且受了致命伤。他如此受尊重,以至于在尝试将他找回的过程中,三个人被杀害,四个人受了重伤。最终他的勤务兵找到了他。然而,辛普森命令他返回,并且就闹出这么大的动静致歉。当格瑞夫斯那天晚上找到他的时候,他已经死了,他身负十七处伤,用指关节堵着嘴以防弄出更大的动静吸引敌军的注意。另外一个例子是沃尔顿(D. N. Walton, 1982)讲了一个第二次世界大战中发生在荷兰的故事,一位执行死刑任务的德国士兵拒绝服从杀死无辜人质的命令。他迅速地被军法审判,连同人质一起被枪决。这是一个不同寻常的,充满着道德和勇气的例子。那些遭遇可怕危险和困难却很少想着自己的人们,他们是人类的财富。它构成了柏拉图在《拉凯斯篇》一书中所重视的勇气那部分内容的基础,同时也是亚里士多德在《尼各马可伦理学》第三卷中对于勇气描述的基础。

好的道德行为会促进更好的道德行为的出现。然而,并非所有的勇气都来自于肉体,也并非所有的勇气都是对于身体或精神上恐惧的一种反应,勇气也并非男人才有。1990年,法国的女英雄弗洛伦萨·阿萨德从圣马洛横渡大西洋航行至瓜德洛普岛,以此吸引了全世界的目光。这是世界上最困难的航线之一。她历经9天21小时42分钟,打破了纪录。据报纸报道,在两天多的时间里,她的颈部一直在流血。一个关于勇敢且更具挑战性的例子发生在1990年的一部德国电影《淘气女孩》(The Nasty Girl)中。该片描述了安娜·罗斯摩斯因试着让她的家乡巴伐利亚州的帕萨苏直面纳粹在过去的所作所为,她受到了各种各样的个人攻击和威胁。

肯尼迪(Kenndy, 1956)讲述了一个有关参议员埃德蒙·罗斯的复杂故事。罗斯表现出来的是政治勇气,而非血气之勇。内战过后,安德鲁·约翰逊作为林肯的副总统在总统被暗杀后成为了领导者。作为总统,在面对自己党内"激进派"共和党人想要的严厉处理、继续军事占领,并且批准一些违背宪法规定被约翰逊投否决票的清单时,约翰逊试图继续重建政策,与南方寻求和解。历史上第一次,激进派借助总统否决票成功通过一些法律。随着大吵以及毫无限制的争论,政府两党之间的争斗日益加剧。政策上的冲突变得如此激烈，激进者开始弹劾约翰逊，甚至组成其政党的内部成员也开始这么做。依据投票，如果激进党能够获得三分之二的选票，他们就可以确保获胜。他们看上一位年轻议员——堪萨斯州议员埃德蒙·罗斯。罗斯极力反对约翰逊的政策——事实上已经被选入激进的阵营。但是，弹劾约翰逊在本质是政治斗争，是立法机构与行政机构之间的巨大纷争。在这样一种充斥着巨大敌意和紧张政治斗争的氛围中，他公开地投了"无罪"票。罗斯说，他情绪低落，仿佛见到了敞开的坟墓。他被自己政党所被驱逐，葬送了自己的事业。他投票的理由是，如果某位总统因为证据不足及党派争议而被迫离职，那么总统职务将会变得一钱不值。三十年后，曾经诽谤过他的出版社发现，他的投票使得国家从一个紧张失序的状态中被解救出来。罗斯展示的勇气，是在面对排山倒海式不平等的对待时，能够坚持自己的原则和判断。

（一）界定勇气

沃尔顿（D. N. Walton, 1982）指出，罗斯案例的特点是他所作出的勇敢行为没有造成人身伤害。首先，他在巨大的反对压力之下履行了自己的职责（检验了证据）。第二，他展示了卓越的实践推理能力。（即使曾被认为是"错误的"，但是他还是被历史证明是正确的，在沃尔顿眼里，罗斯可能并不勇敢，只是被误导）沃尔顿认为，当我们判断某人是否勇敢时，我们至少作出两类判断。我们首先依据行为特点来作出判断（这种行为是否值得去做），其次根据如何做出行为来做出判断（行为背后的实践推理，以及行为所处的情境）。因此，勇气作为一种道德的品质，最好被界定为在困难、动荡或苦恼的情景中所作的审慎的实践推理（deliberate practical reasoning）。沃尔顿强调，在如此情况下，勇敢意味着在风暴中心保持冷静。

勇敢的人在困境中做出判断。这种判断是实践伦理中的判断，即是关于什么值得去做的判断，以及如何去完成的谨慎的实践反思。进而言之，这种实践必须由任务及其需要来衡量。但是，一个人勇敢地行动，对危险做出即时反应，与长期克服困境追求理想之间存在差异。格瑞夫斯上校这个例子反映的就是前一种类型，而塞缪尔·弗里德曼（Freedman, 1990）所描绘的教师杰西卡·塞格尔则是后一种类型的典型例子。勇敢可以用来描述为人们的行为方式。在涉及某种伦理品格的长期承诺之处,对它们的追求鼓励我们讨论勇敢的人。

菲利普·杰克逊为维维安·帕雷撰写的书序具有指导意义。

> 勇气是最根本的要求。维维安·帕雷是有勇气的。她具有卓越的能力,不屈不挠地将自己当作一名教师……读到她作为一名教师偶尔犯下的大错,读到她为改正那些错误所做的不懈努力,这些都被接受,当作有益的遭遇,鼓励着我们直面自己的弱点,以及因克服弱点而遭遇的痛苦经历。(Paley,1984:ⅲ)

无论是杰西卡,还是维维安,都不会像去购物一样,去规划每天早晨"做一些勇敢的事",也不会像在大多数情况下做到诚实那样去表现出勇敢。勇气和诚实似乎都是道德品性(moral dispositions)。尽管做到诚实需要勇气,但是二者涉及不同的可能性情境。我们希望在需要勇敢的恰当时机表现勇敢。在面对各种各样困境时坚持做出恪守自己原则的决定,这在形式上类似于维维安·帕雷勇于对教学工作进行自我检查,或者是杰西卡·塞格尔在纽约东区面对大量教育任务时所表现出来的勇气。对杰西卡来说,"在关爱过程中存在两种勇气要求:我必须有勇气接受我所获得的,而且必须有勇气继续关爱下去"(Noddings,1984:9)。教学中的勇气有可能即刻显现,但通常是长时间之后才能显现,正如维维安和杰西卡的例子所体现出来的。

因此,在每一种有价值的人类行为中,勇气可以找到一席之地。但是,什么是勇气主要依赖于展现它的情境而定。勇气还体现着坚定、自信等德行,以及包含着其他德行(Sockett,1998)。从到目前对于勇气的简短讨论中可见,它的三个特征和本书的写作目的紧密相关:

(1)勇气并不仅仅与恐惧或物理行为相关。

(2)无论在紧急的危险情境中,还是在致力于道德上可欲的事物的追求过程中,勇气需要运用实践推理与判断。

(3)我们会在多种不同的社会和机构的实践活动中发现作为卓越能力的

勇气。

教学是一种社会和机构的实践活动。教学的行动需要在追求长期理想的过程中运用实践推理和判断。上述三个有关勇气的特征都能在教学中找到，特别是在常用的鼓励和压制学生的教育学用语中，这些用语是师生关系中的核心用语。

(二) 鼓励和泄气

在遭遇困境时，教师在情感或学业上给予学生支持是教学工作的核心。使用鼓励和泄气这两个用语，德行可以找到进入课堂情境的方式。概言之，鼓励意味着把勇气注入别人，而泄气则是传递某些信息去削弱他人的意志。

我们可以通过各种各样的方法鼓励我们的学生。例如，赞扬他们所做的事情。当学生们被责备时他们会泄气。我们需要思考这项工作和与之相对的保护学生自尊之间有何细微差别。鼓励须与表扬和奖励区分开来，泄气也须与责备和惩罚进行区分。学习常表现为遭遇困难的人伴有畏惧感，如同许多在统计数据中挣扎的人所表现出来的样子。孩子们的学习是持续面对困难情境的过程，在这个过程中，孩子们努力去掌握他们还不知道的知识。所有的学习者都要面对困难，布鲁姆（Bloom，1971）所倡导的无痛教学法只是易于识破的伪装而已。值得去做的事情不会轻易落入我们的怀中。孩子像成人一样，会害怕困难，会害怕因能力不足而面对的结局。他们害怕失败，或不敢冒险与困难搏斗。

因此，学习的情境不仅仅是让孩子们尝试学会他们不理解的事情。学习情境经常被注入了惧怕的情绪，而我们仅仅需要回想自己作为孩子时，自己的学习经验并铭记它所拥有的力量。鼓励孩子就是在困难中给予孩子特定的支持。这并不是传授给孩子命题性的知识。进一步说，当我们考虑到整个班级，有证据显示教师做事情的方式对幼儿学习者至关重要，与道德特征相联系的问题（例如努力、认真负责、小心谨慎、学会专心），当孩子们面对教师呈现的多种学习任务时他们可以有效利用。鼓励和泄气（不同于表扬和责备，奖励和惩罚）是高度社会化的道德行为，是为了帮助孩子们掌握所要学习的东西，提升他们在困难和恐惧情境中的意志力。做到这些特别需要教师的专长。

（三）教学中的勇气：两则案例

我们需要再一次提醒自己勇气是什么。它是一种德行，描述了一个人通常如何的无私，在困难或者不利的环境中，能够运用实践理性和判断追求长远的道德期望中的承诺。它并不是那些处于身体威胁之下的独有财产。这是否意味着教师必须为着鼓励学生而去展示自身的勇气？可能不行，但是教师必须反思自己经验，对学生由学习而造成的意志的需求高度敏感。有两则杰出的教育例子，在1988年和1989年通过影片分别呈现给了观众。电影《为人师表》塑造了一个在洛杉矶高中工作的杰出的数学教师杰米·埃斯卡兰特的形象，而影片《死亡诗社》则讲述有关约翰·基廷——一个传统的文学预备学校老师的故事。这些例子阐述了勇气在广泛的教学社会实践中的重要性。它们同样显示了教学中最需要勇气的时候是当教师的教学信仰置于考试面前，置于学校政策发展面前的时候。

埃斯卡兰特是勇气的榜样，他以自己的健康为代价反对所有来访者顽固的决定——包括部门主席，孩子，学校，父母，以及最终的考试服务。我们可以用"勇气"一词描述他最初阶段的工作。他达到了勇气的标准——展现了在巨大的困难情境中为了获得具有重要价值的目的的实践理性。做一个有勇气的人也具有专业意义，埃斯卡兰特想方设法鼓励他的学生，他用不同的策略鼓励不同的孩子。有时候，当他追求更重要的结果时，他看上去是在使一两个孩子泄气。在使孩子泄气的过程中，他并不是不道德的。相反，他在测试孩子们真正的决心所在，找到他们在勇气方面的缺陷。因此，他们学习富有勇气地攻击和反抗已经建立的考试制度，而不是效仿他们的同伴做出粗鲁无礼的敌对行为。他们也学微积分——微积分结果很重要。他会给他的学生们讲一些人类道德的例子。

约翰·基廷——《死亡诗社》中的老师，角色更复杂。我们把他看作是一个非常古怪的人，仅仅是因为他制造了混乱或者不具竞争力而丢失了工作吗？在危急关头没有一些更深刻的东西吗？他被描述成一位和学生一起挑战教育制度，以创作死亡文学而活的人。（我想说这需要一些勇气，去鼓励班级学生丢掉基础的教科书。）回想基廷在课堂上展示道德技巧（然而他明智吗?),将勇气赋予不情愿但是困惑的学生。我们注意到教室、操场、学校晨会生活之间的一些联系以及学生和教师之间的内在联系。这种联系在公共教育中难以复制。

为什么基廷这么做？他不仅仅是一个偶像破坏者。他这样做是出于对文学、文学目的以及文学在人类生活中所处的位置的一种热情。作为教育的一种媒介，这样的激情可以在代际间传承，这种承诺可以媲美埃斯卡兰特对数学付出的承诺。基廷表现出的勇气鼓舞着他的学生。他们打破规则，冲击传统，抨击固守传统的教与学。他们挑战事物的常规、本源与支流，以此威胁良好的秩序与纪律，等等。基廷和埃斯卡兰特，就是这样成为那种惹麻烦的人。他们的道德行为如此冒犯上层官员和传统保守的同僚，但却深深地吸引着学生。

如果我们不支持基廷坚持的方向，我们会觉得他的行为是怪异的，甚至是疯狂不负责任的。他的行为，其核心价值还在受到质疑。假如我们认为他是对的，我们就会敬佩他的勇气。为什么？因为我们意识到充满智慧的勇气会被教育制度碾碎。社会控制的力量似乎无情地反对各种各样的人类精神。从这个意义上来说，富有智慧的教师让我们特别尊重的原因是他们会抨击那些没有价值的、压迫人的，最终误导我们的制度架构。在这个例子中，这种勇气是富有争议的，特别的，因为他们敢于将青少年视为成年人，帮助他们经历生活，接受他们误入歧途，甚至在这个例子中有一个学生自杀。那次惨案过后，要求学生展示自己的勇气，去反对自己的父母或学校的原则，没有一个人这么做。可能，勇气还需要更多的实践。

这些种类的勇气并不是如我们所想的那样稀缺。它们处于道德教学实践、教师意识与否的中心。弗里德曼（Freedman, 1990）只是选择了纽约学校的教师杰西卡·塞格尔，写了一些自己发现的关于勇气（以及其他德行）的内容。勇气在教学中常使人气馁。基廷因他的勇气被解雇了，并未受重视。当悲剧发生的时候他没有得到帮助。埃斯卡兰特只是因学生学习好而获得认可，而不是因为他表现出来的勇气。同事们对他深表遗憾，就如同他们对待杰西卡的一样，只因为他们固守各自的承诺。我们可能无视作为一个概念的勇气，用它来观察和理解课堂。制度也可能不喜欢它，因为它通常被用来反对它们。在涉及职责、绩效评估、目标管理、成绩导向的学习，以及我们开发的所有其他古董级的制度时，有勇气是很困难的。但是我们应该记住教师不只是孩子们所遇到的唯一的体现勇气的榜样。孩子们可能经常在他们的家庭、所处的环境中找到榜样，还有在那些居住在他们周围的模仿对象身上找到榜样。教师应关注理智的勇气（intellectual courage）。

上述所有讨论对那些对学科、对孩子缺乏热情，或认为教育只是存储事实、掌握技术、记忆观点、应付考试，忽略了人类的价值。教学中的激情，追寻激情的勇气并没有全面植根于新手教师的头脑中。必须在教师教育中，在培养他们教学课程的学院和大学中，在他们最初遇见的正在学习的孩子们身上促进并培养这种品质。

（四）教学中的勇气：专业技能

从勇气的概念中哪里可以看出专业技能呢？这体现在教室里，从教师通过鼓励或者不鼓励的方法帮助学生学习发现。我们从维维安、杰西卡、杰米以及约翰逊的例子中可以看出人们提倡的教育原则，这意味着课堂内外的专业实践中充满着对勇气的要求。

教师对内容和方法具有勇气的话需要承担巨大风险。内容原则和科目是传统的，他们不是知识的人造主体，但是复杂生动的思维模式依靠个人、小组或者有影响力的人类生活维持（参见第五章）。它们是伟大的人类成就。在这些成就中，至关重要的理论家都包括在内。他们以谨慎、尊敬或勇敢的态度处理问题，具有挑战性。从方法上来说，伊丽莎白面对学生的时候，就存在一系列风险：坚持创造最理想的教室氛围，在个人的战争中从不放弃，利用力量和能力影响改变他人，从不隐藏于制度结构之下，等等。

勇气是教学中必备的一种品格。它在教学中处于中心地位，这是因为勇气和鼓励或气馁之间的关系，因为学习是困难的这一事实，也因为不断有机会需要勇敢去处理教学内容中的难题或者克服教学方法带来的挑战。我认为为了使生活和学习容易，我们很容易忽略人类的真实情况，忽略了当事情变得容易之后人们再追寻某些事情反而变得更难。然而，不能举出勇气例子的教师就如同有经验的教师不能举出一种德行一样。这种德行在智慧生活和学习情境中至关重要，但是勇气和诚实一样，只是专业技能的一部分，关爱是另一部分。

三、关爱

我将关爱视为一种德行，在诸多的德行词汇中，这并不是一个让人熟悉的词。细心是最接近传统的用法，但是细心更关注的是物体而不是人。我这样规定的理由是含有道德的暗示的。道德产生于对道德生活的看法。诺丁斯、吉利根和其他作者都是女性。一个具有关怀的人具备这种特别的，持续的和细心有关的道德品格（Sockett, 1988），类似于其他大多数德行，具备明显的基础（Peters, 1979b）。关爱看上去并不在教育情境中处于主要地位。

（一）关爱和监护

1990年春天，一个学校日的明媚早晨，一位弗吉尼亚州的学生在他的头盔底下留了一条信息，然后骑着他的摩托车以80英里每小时的速度撞向男孩衣帽间的墙自杀了。根据采访他备受困扰朋友的报道称，学校是他唯一有朋友的地方。想起涂尔干对自杀的研究（Durkheim, 1951），我发现我自己被这些可怕的悲剧和具有代表性的特征所困扰。我应该保持自我清醒而不是受困于事态。因为不像在《死亡诗社》中自杀的学生，这使人如此困惑甚至无法解释。从旁观者而言，孩子以及教他们发展各种标签的个体之间是相互信任的。诺丁斯认为，关系从道德上来说比起他所教的内容更具价值，对儿童来说是比课程更重要的。然而，正如她随后认为的那样，这并不意味着学校应该忽略智力训练。学校中强烈的智育目标与形成一个关爱的群体之间并不是相违背的。

对弗吉尼亚州的学生来说，学校似乎没有对他的问题生活给予充分的关爱。从另一方面来说，学校似乎对他来说是一片绿洲，尤其是通过他的朋友赋予的。这项死亡事件的复杂性迫使我们思考，当我们要求监护机构关注制度时，同时要思考监护机构的内容维度。一个人信任制度，能轻易被打破吗？

可能我们学校中的关爱变得太程序化，太官方化了（比如顾问），与相关人员的问题距离太远，应该与要解决的问题相对应。可能官僚主义式关爱——社会化的监管——定义局限了教师的认知。可能在我们的一些学校中，选手和裁判之间并没有任何较好的隐私信任。

可能许多学校，尤其高等学校太男性化了？针对专业技能和知识的主要方法是一个死胡同，这个死胡同由于受到女性主义教育方法的影响变得更加清晰。"不同的声音"以及"母性的声音"在我们构思专业艺术的道路上不断变化、强大。事实上，"父母代理人"的概念是对孩子的一种非常重要的关爱，而"父母的声音"（vox parentis）必须包括父母双方——他们有着不同的基调，需要的是和谐而不是齐唱。

问题非常明显：

（1）教育情境应富于关爱，而不是监管，而大部分的监管定义着当代学校教育。

（2）教育意味着关爱每一个学生个体。而竞争和失去个性的官僚主义定义着当代学校教育。

（3）教育中的关爱包括影响、尊重和感觉。而深层的个人关系却在当代学校教育中被抑制，被破坏。

（4）教育中的关爱需要"父母代理人"，然而它却被法定程序驱逐在外。

学生和教师之间的对话似乎会被考试主导的课程抑制。竞争性的框架下几乎不会获得关怀合作。因为学生的动机逐渐变得可疑，所以高中的氛围变得与关爱相去甚远。但是，教师可以从两个主要视角看待在关怀角色中的专业技能：关爱的范围和界限，以及学校中的关爱氛围。

（二）关爱的范围和界限

专业教师能够对私人关爱的范围以及界限进行理解，尤其是在教育情境中（Arnstine，1990）。他们了解当关爱变得不是那么困难的时候，它就会变成一种过度保护，变成一种过度敏感，还有一种不幸，尤其在高中容易出现这样的风气，似乎构建一种稳定的关爱关系对于更优质的教学不是很重要（Elkind，1984）。专业教师开始发展自己作为教师角色的能力和职责，理解关爱必须是一个专业的个人角色。他们并不害怕展现关爱,也并不会因为想要学生感激他们、喜欢他们、回馈关爱而羞耻。他们有时同样也需要为了关爱而忽略一些事情。

在《技巧性忽略》(Skillful Neglect)这篇论文中(补充强调一点),拉贝彻(Labbett, 1989)对一个课程问题特别关注:他在探寻一种教育策略,以确保处于信息技术世界的孩子们能够从世界目的的角度理解它。(现在有一些道德问题)为了有技巧地忽略那些孩子的期望,或者为了一个更适当的世界意义,拉贝彻认为教师应该充分关注孩子对于这个世界的介绍,去忽略是为了完成自己的教学计划。

拉贝彻夸张地使用忽略。然而,这并不是一个技术性的术语。它要求关注复杂世界的冲突以及教室中不同的目的。这并不存在于反叛的儿童与被动的老师之间,而是存在于充满想法和维度的课程领域(在教育中仍然是新知识),在这些课程中不存在教条、社会特权,仅仅是一块还未开拓的领地,一个广阔的学习前沿。在我看来,拉贝彻正在做的是从道德上区分教师行为,同时描绘教师在教育中应该遵守的行为。

拉贝彻提出了有关行为的道德假设。这适用于考试,但是,某种程度上来说这仅是经验之谈,因为评估将是主要道德。正如评价一个人的勇气需要道德估量和有关事实的支撑。接近于定义的限制仍在其中。然而,拉贝彻的假设并没有限制个人关爱。他传达的置于学生之前的教师必须做的是经常对事实作出条件性的、特定的反应,甚至那并没有揭示事实的相关内容。拉贝彻举了一个老师关注课程、关注学生的例子。教师关注的内容通过他的行为体现。教师希望孩子关注他们所学习的内容,同时关注存在于彼此之间被贝雷(Bailey, 1984)称为的"感情的良知"的东西。霍尔姆斯(Holmes, 1988)认为,贝雷延伸了关爱的概念,如果它们没有被野蛮人践踏,关爱代表的是传统意义上的承诺,以及一种被爱与保护的原则。

(三)学校中的关爱与氛围

教师需要空间批判学校中的氛围以及他们工作的机构,尤其要考虑到机构中的性别特征,并和孩子们的社会背景相联系。作为一个批判家,保持这种自觉性并不容易。它意味着要对有关孩子的事情表现出关心和关爱。这些孩子必须成长、接受赋予他们的责任，寻求通过教育和关系匹配制度性的经验。

1. 关爱与对话

诺丁斯（Noddings，1988）支持对话中的道德技巧的发展，这种情况经常出现在能干的幼儿园老师以及一年级老师身上。但是许多高中不会出现这种情况。诺丁斯描述并同时规定班级行为，不仅仅是教育目的使用道德关爱检验探索者和教学主体之间的关系（Rogers & Webb，1991）。因此，如果我们亲临一节课，我们需要证实老师所问的社会化道德问题以及对话的品质。作为教师，一对一工作时要考虑到学生个体。我只能记录下辛普森夫人的对话，但是不能够回想起她是如何反应来表示对维尼的关爱的。一个人说："油漆工的衣服很脏。"他的评价是一种挑战（油漆工的衣服变得很脏，那么，显然，如果我们也做同样的事情我们的衣服会怎么样呢？）。辛普森夫人并没有忽略他，告诉他不要再傻傻的。辛普森夫人通过认真地听他诉说，呈现给他一个好的理由：通过区别他的衣服和画家的衣服来表现她的关爱。有时老师和学生个人进行谈话时，他们的问题一定程度上对人为的"课堂需要"来说是次要的，正如某种程度上来说，课堂的教学性比教室中包含的个体更重要。辛普森夫人展示了关爱，主题可能并不具有重大的道德意义，但是在这种明显无关紧要的场合，她将精力全部放在了学生身上。

2. 个人与群体的关爱需求

在细心处理学生和班级事务的过程中，平衡对个人与小组的关心超过了与个体谈话问题本身。这里的细心并不是"过度小心"，并不是在"具体事例"中限制行为，而是教师如何在班级中建立私人关系模式。例如，在竞争学习环境下，小组之间的竞争是至关重要的，应打破个性、领导、性别，以及小组工作和学习环境中的平衡。教师正在建立道德学习小组，决策道德和教育事件。

3. 示范关爱

教师可以示范关爱，然后教孩子们如何关爱和成为一个懂得关爱的人。

事实上，教师可以示范以及教授一套广泛的意志力的德行，例如，专注、忍耐以及坚毅（Sockett，1988）。示范德行与教授德行之间的平衡可以通过学校情境趋向正确。机构同时可以为儿童设置正确的道德关爱视角。例如，一些学校为处于困境中的个体（例如，一个当地的小孩需要骨髓移植）或为自己的小组收集大量的款项是很容易的。但是，他们的范围可能不会超过本地的范围（例如，对于难民、受饥荒困扰的家庭或国际组织的关心）。教人们去关爱以及充满关爱，需要询问在那样的情境中的人是否值得关爱。这些不仅仅是道德问题。

四、平等

"作为人类活动的首要德行，真理和平等是不会妥协的"（Rawls，1972：4），约翰·罗尔斯在《正义论》这本书的开头的评论对教育来说十分重要，可能不仅于此，这个评论对人类生活的其他领域也同样重要。在罗尔斯（Rawls，1963）早期的一篇论文中，他建议，如果父母的爱没有规则框架，那么孩子在成长过程中就不能形成一种平等感。事实上，什么是平等的问题唤起了学生最深的激情，这对老师来说是老生常谈。

然而，平等问题十分复杂。简单地说有两种类型：分配的平等（问题在于分配好处）以及惩罚的平等（目的在于纠正错误以及惩罚违法者）。这两种类型在教学的任何阶段都很重要，尽管学校系统中他们没有纯粹的天然的惩罚性平等的编码。亚里士多德有一句著名的言论，为任何等级的言论和行为提供了一个关键的公正定义。他写道，公正就是平等地对待相同的人，有差别地对待不同的人，但是要有比例地谈及这两者之间的区别。（例如，都是三岁的马，它们不需要障碍——实力相当地被平等对待。但是，如果年纪不同，有些已经赢得或多或少的比赛，因此这些马对于有重量的障碍敏感，有差别地对待不同的马是为了使比赛变得"公正"。）这适用于马或者人身上，也说明了公正和平等的原则。障碍的形式是什么或者有区别地对待形式是什么，这些必须依据相关的特点、需要和功劳决定。

劳伦斯·科尔伯格（Kohlberg，1981，1984）依据平等原则建立了道德发展体系。平等概念发展的影响力显然影响了科尔伯格，他的工作就是围绕作为自然法则的平等观点展开的（Barry，1973），以此宣称对行为的期望在一定程度上处于人类发展的核心。人们希望成为一个公正的人，并且在一个维护公正的社会中与他人合作，这是人们不得不去做的一些事或者某种程度上来说它们会是道德上的阻碍。科尔伯格的理论也建立在此基础之上，作为利他主义平等的路径，卡罗尔·吉利根和其他一些学者对性别决定论者的观点提出了批判。（Gilligan，1979，1982；Gilligan & Attanucci，1988；Gilligan，Lyons，& Hammer，1990）。

在教学中，平等并不处于道德原则或德行的中心，但是它是德行之一。根据其他列出的德行大纲，平等的分支扎根于教育学中。平等也同样体现在一般的教育供给中，例如，有关平等的问题，利益必须依据优点、需要、功劳分配。在特定的方面，平等处于教学的中心。教师是大多数孩子遇到的第一个与他们家庭生活无关的具有权威的成年人。教师代表成年人的生活。教师对于灌输一种平等和关心意识的决心是外部世界的最初模型。

但是，自从外部世界变得肮脏、残忍，争论就经常出现，认为不平等甚至学校中粗暴的对待不会对学生造成任何伤害。然而，如果学生在学校没有被平等对待，他们可能不会期待在学校外被平等对待，他们在这一社会机构中也不会因为支持平等而工作。各种类型的教育课程应该寻求帮助人们改善提高，而非不切实际的离谱，应该了解学校知识不是社会的复制。学校作为一种平等、公正的机构，它的道德风气对于孩子的社会化、公民化和道德的成长是很有必要的。实际教学中，包含平等问题在内，教师至少承担三种角色：分配时间和注意力，施加规训与惩戒，还有作为学校的一位教职工对平等问题进行调控。

（一）平等和时间分配

对于教师如何将他或她的时间和注意力分配到个人身上，辛普森夫人作出了适当的示范。她通过问题导向分散注意力。这些问题的目的不在于让孩子知道"正确答案"，也并非将孩子当作规则的工具。辛普森夫人让每个人平等地组织问题。一个研究者或者其他的教师可以将他们的问题分配仅看作是一种技术。但是它也必须被看作是一种专业技能，它努力关注尽可能多的不同的孩子，通过平等把教师的关注给予每个孩子体现了对作为个体的孩子的尊重。

这个问题对班主任来说很重要。面对"水平相当"的孩子们的需要，我们如何下定决心在自己能力范围内寻求帮助？教师们寻找技术处理问题，经常拒绝主流的创新，因为他们觉得没有信心满足平等的需要。人们经常有一个天真的设想，那就是理想的平等等同于"相同的"时间，但是记住亚里士多德的话：同样的人同等对待，不同的不同时待。这有一个技术性的问题："我们怎样才能掌握技能（例如，在合作学习小组中，借助老师的帮助）来减少喧闹，以及用技能解决过于关注一个小组的问题？"但是更重要的关于掌控技能的问题是："在这种情况下，什么是平等？"在老师反思性的实践过程中，这两个问题必须不断地保持着相互作用（参见第五章）。

亚里士多德关于平等的建构对教师以及对平等的思考具有极大的教育意义。它确认了不同派别的不同平衡，但是需要对经验事件进行评估（例如，我们先前讨论"勇气"时提到的可行的理由），提醒涉及"相关性""平等或不平等"以及"荣誉、需要和赏罚"的道德决定。时间和注意分配这个问题并不是在班级门口就停止。它们是教师除了自我时间之外多出的部分时间：首先，考虑到教师自己的任务。杰西卡·塞格尔一天投身于教育事业15个小时，备课、评分、为学生提供课后帮助。对教师的一般期待是不具有道德理由的。第二，考虑到教师的家庭：因为杰米似乎没有受阻地公开承诺教授成人和孩子，埃斯卡兰特的家里出现了很多的问题。第三，官僚主义和他们的雇佣者频繁表示出需要他们付出"专业"时间，处理成堆的组织上的小困难。从这个层面来说，他们限制了平等分配时间和注意力的机会。

（二）规训与惩戒中的平等

这些问题与权威和机构有关。然而，作为道德事件的平等经常出现在特殊场合。这经常会出现在学校的历史长河中。我猜想学校经常会出现累犯（当被惩罚后，攻击者重复攻击）。那一定会出现问题，在一些特定的情境中会简单地回答这些问题,关于平等体系,尤其是受到惩罚的群体经常由一些男性黑人组成。

教师要面对两个问题:(1)每个个体受到规则和惩罚的频率;(2)规则体系的运用。对大多数教师来说平等的责任是清晰的,那就是尝试让机构成为一个"平等的共同体"。大多数班级针对社会和个人行为设有规则以及期待,它们能否成为一种正式的书面声明或者仅作为规范被学生理解。在每个孩子适应规范和标准的过程中,对于不公正的行为,教师需要有一种道德上的警觉性。作为社会中的大部分惯犯,学校中的惯犯引起了人们深层次的怀疑,有时会因为那些理由而被不平等对待。

在一个学校的社会规则背景下,惯犯不是因为自身而被不平等对待,而是指无论是什么理由,学校和老师总是会对惯犯学生失望。平等问题在学校尤其严重,因为学生们被强制参与,所以,使经历有价值这样的责任远比了解经历本身更具有意义,比如说军队即是如此。班级中的社会准则、被给予的惩罚或奖励是专业知识或技能的常量因素。

(三)平等与学校

每位教师都是学校员工中的一分子。通过专业招聘组成的学校,会受到它聘用的成员的关注和共同体的影响。在一些学校,相互分离的教师阻碍了具有道德力量的学校共同体的出现,但这也可能是因为较弱的领导力和官僚主义所导致(Hill等,1989)。然而,教师的学校角色以及班级角色并不是简单的相互作用。为了让学生经历一个具有连续性的道德团体,道德精神必须遍布班级以及学校。但是,如果没有平常的政策、规则和惩罚,或在班级中没有对待德行的正确态度,特定的平等本身也会变得不平等。被别人否定的学生,与有良知的老师一起工作能够获得教育上的好处。或者从相反方面来说,教师需要确保遍布班级的平等风气,不仅仅是因为这是一件好事,而且因为这给予了孩子平等以及平等的机会和经验。

学校有关分配平等最重要的特征是使学生拥有最好的教师。父母经常带孩子辗转于不同教师的课,这给孩子带来很大的压力。教育优势的分配可能不可避免地存在不平等之处,这是因为学校的质量不同(Good & Brophy,

1986；Kozol，1991）。有时，班级中的老师掌握的是对的。但是从教师寻求做一名好的实践者这个角度来说，分配是不需要平等的。在教学中没有效率或者没有能力并不仅是运气不好，这对孩子是不平等的。从积极和消极方面来说，教师最主要的方式，作为教师团队的专业成员，他们可以通过使能力达到最高标准从而创造一个平等的系统。这并不是说教师都一样，或者一些教师比别人差或好。联系到什么是真正的平等，这有助于效率提高和自我提升。

五、实践智慧

最后，教师应该具备实践智慧，这需要我强调过的反思和判断的品质，以及有交叉的作为专长的其他四种德行。班级中的实践判断来自实践性的反思，知道什么时候该做什么，以及做的原因。谈到构成教学专长的第五种德行，我将涉及教学技能（方法）和科目知识（被教的内容）。作为教师，我们熟悉我们专长的这部分内容，我们无须贬低它的重要性。

（一）智慧处于谦逊的转化中

此处，我再次使用布鲁纳（Bruner，1974）的措辞。用他的话来说，实践智慧中最为重要的部分是谦逊的转化（courteous translation）即把儿童引向被认为是困难的材料。那么教师该如何去做呢？在辛普森夫人的例子中，目的是清楚的，即，使儿童理解关心油漆工工作的原因是我们要考虑他人的利益。辛普森夫人展现的智慧在她使用的技巧中体现出来（例如提问），而这种智慧是基于道德标准的。汤姆是教学实践智慧和专业德行中与众不同的例子，我们只能通过实践智慧的概念看待他，注意到其间的各种理解，解释性的技巧以及其他突出的部分，但并不是全部的突出的专长。如果我们只通过教育智慧以及对智慧的批判看他，我们就无法辨别他的教学。我们需要用更广泛的德行定义他的教学。他对于课程的热情是真实的，并不是孩子学习的展示。真实性体现在作为人的正直的一部分，他的道德正直的一部分，作为教师追寻个人价值的一部分。他讲述故事的风险可能是实践道德推理的例子，这个例子是勇气的要素。但是，他也是真正的教师（Shulman, 1990）。然而，伊丽莎白拒绝噪音是有不同的道德目的——学习团体的创造。这些教师使用的工具，探索的技术、策略不仅仅有效。他们挑选发展道德和技术标准，他们举例说明道德作为道德认知的内容，这仅仅是由现存的五种道德组成的。

（二）智慧和实践技能

我想实践智慧的特点应该有别于其他四种德行。首先，实践智慧，尽管它是一种德行，让人们开始关注认识论和学术方面，这样——重视内容和方法——没有明确任何一种德行或者多种德行的范围。其次，学科自身的实践智慧依靠什么特点（他们的分数和学院等级）。例如，教授科学知识将需要有管理实验室的技能和评判力（或者为年轻孩子设置模拟实验室）。历史学科则不需要科学的这些特点，这一学科需要其他形式的教学技能。在人文学科中，一个教师的辩论能力是非常重要的，而在数学学科中这一能力就无关紧要了。因此，尽管方法和技能可能最终也是道德的，但它们来自学科的本质，而学科从本质上来说也并非是道德或不道德的。

因此，舒尔曼（Shulman, 1987）提出，教师的能力是一种特殊范围内的能力。他关于实践智慧的工作有着巨大的能量，并且他的同事提供的事例是我们理解教师专长非常重要的资源。我想舒尔曼会和汤姆说，作为一个历史老师，他应该能够将自己的知识转化为教育学中学生们很容易获得的内容。他需要讨论，做到那样需要一种能力，一种独特的有别于汤姆已经拥有的知识内容的能力。这边所说的实践目标核心词是"可获得"。舒尔曼认为，对一门学科洞见的深度就是对其可学习性的察觉，同时也是对其可教性方面的洞见。我想，如果教师自我意识中能将他或者她当作这一内容的学习者，从教学立场上来说那种教学事实上成为个人自我的学习，只有在这种情况下，以上才能成为可能。

任何教师想要获得实践智慧，先决条件就是要受到诸如艺术、文学、科学、数学、历史、音乐、哲学等人类伟大传统的教育。尽管有不同的表现，教师必须知道它们的本质，在所有的文化中都能发现，如果学生将成为平等受教育的人，通过几个世纪的锤炼在思想上会有一些能力。就像我们已经失去一些道德敏感性，因为我们已经停止使用道德词汇，所以如果我们忽视我们的词文化，它的历史、手工艺品、习俗和形式，使一些例如批判思维的混合词消失，那么我们将会失去更多。教师不成为一个学习者是不能理解教学中许多的实践问题的。

六、这些德行可以整合吗？

我已经讨论过，我们可以理解专长由五种德行构成——诚实、勇气、关爱、平等和实践智慧。有行动的地方它将被讨论，教师在教室的"行为"展示了实践的智慧，其他四种德行被同化了。实践智慧是一种德行，可能有了它，其他德行就完整了。

对我来说，这一主张存在一个困难，它似乎是思维的一种残骸，摒弃它会让我痛苦，人们只会重视可观察到的实践行为。作为教师自身，我的感觉是当我在教学时，我投入在实践行为中，我要对结果负责。随着专业责任的持续发展，我也在持续地改变着我的步骤。问题是，当我教学时，我的脑子里充满问题，是否我说的就是准确的，是否我可以冒这个险，是否我对学生不平等，等等。当我教学的时候，我不仅有大量行为，我还有大量想法。在我身上似乎体现了舍恩（Schön, 1983）关于行动中的认识的观念。和没有这种观念的教师相比，我可能不是一个在技术上比较有效的教师。但是，说我是解决道德困惑的优秀教师，也未免过于夸大，在我的教学过程中，道德困惑非常普遍（Lyons, 1990）。

另外一个困难在于实践智慧太容易从实践德行中溜走。对结果进行判断是明智的，但是这些判断本身总是来自于其他一些重要的道德。我们经常需要做一些艰难的选择，正如句子中阐述的"最好（最明智）是好（做对的事）的敌人"。如果我们省略专业道德而使用单一的道德——实践智慧，那么可能会因为一直需要在明智和好之间取得平衡而变得不知所措。因此，我强烈反对在实践智慧单一道德下的某种综合考虑的观念。我发觉对于一些令人困惑的事情，急迫地去归类，去发现一些"解决办法"和"解释"将会简化教学努力。一旦我们把教学理解为道德,并凌驾于其他一切之上,那么我们就会与因为理解而产生的歧义、困难和不确定性共存。如果我们还认为教学可以简化为某些规律,以及被高度概括,那么我们对教学概念的理解将会非常苍白,这只有对确定性的错觉。

第五章　专长与实践认识论

　　传统观点认为，专业教师像其他专业领域的人一样是专家，因为他们有一套从实践中获取的特殊的知识体系。然而，无论是个体教师还是教学卓越的模范教师，辛普森夫人、汤姆和伊丽莎白都清晰地知道的，却仍然存在不确定性。近年来，教师教育存在不足之处，人们执着地寻找合适的手段评价教师，不是强调教师入职时的评价，就是主张教师绩效评价。这使得研究者相信抓住教师知识的特征迫在眉睫（Reynolds, 1989）。乐观主义者声称教学知识体系的形成使人坚信教学各方面的科学知识都在不断增加。如果我关于教学道德复杂性的描述方法目前为止都正确的话，那么这种寻找知识基础的研究就还未成熟。如果可信的话，我将证明在这些探索上使用的方法论和假设是有限的。为了寻找知识基础的，我们必须立足于某种清晰且已定义的认识论。在我看来，这不是教育研究中的问题，仅仅是道德领域的问题。

　　我已经在第四章说明德行的道德观念如何对我们对于教学的理解产生深刻影响，以及所有可能出现在知识基础中的技巧如何被它们的道德接受能力和效率所决定。我已经通过使用道德术语描述教学工作的专业方面。在这一章的第一部分，我将解释为什么我现在将专长作为专业德行来教授。在第二部分我将通过勾勒教育研究中关于理论与实践关系的四种观点来为我的主张进行辩护。在第三部分，我将指出有关教育理论的应用科学的观点存在三个显然不可逾越的困境，当前教学知识基础的论述正是基于这种教育理念的应用科学观。在第四部分，我将界定（道德的）实践认识论的标准。最后一部分，我将在作为应用于教学的实践认识论的潜在基础的道德框架内，考察知识和行动中的知识。本章因此将就教师专业素养的第二个维度，即专长作出暂时和粗略的总结。

一、论点概述

如果我们开始使用某种德行的语言，那么关于专长的什么样的理解会向我们展开？尤其是当我们开始严肃地对待教师的声音、女性与母亲的声音，以及父亲的声音的时候，专长将会是什么？（Sadker, Sadker, & Klein, 1991）

专业教师因他们的德行而被称为专家。关于德行，我再次重申，我指的是通过学习而获得的可持续的人类个体品格的道德的素质。就专业德行而言，我指的是这些道德的素质的集合，这些道德的素质植根于教学的社会实践之中。教学的社会实践是完成特定专业任务所必需的，也是形成专长的核心。教师如何去获得德行是他们自己创作的事情（Harre, 1983）。他们必须理解这些素质和相应的广泛影响对教学来说是至关重要的。基于我所界定的德行，一种替代性的认识论的论点有如下内容：

（1）教育或教学直接涉及人类的改善，因而它是道德的事务。人们总是会去争论什么构成了这种改善，但是每个教学行为总是包含一些预先假定，而且被注入了有关目的和手段的道德思考。这种思考既有一般性的（如，课程应该是什么？）也有涉及个体的（如，我们应该如何帮助小约翰？）(Buchmann, 1990; Sockett, 1989a)。

（2）通过教育实现人类改善，至少需要发展选择和关心的能力。这些能力仅在两者可能存在的情境中才能获得，这意味着正在学习的学生必须具有自主的意志（Peters, 1966），且处于关系之中（Noddings, 1984）。因此教育情境须是教师和学习者的伙伴关系。其中，学习者也可以是教师，教师也可以是学习者。无论我们在哪里教和教谁，我们都需要恪守这样的假定。

（3）假如脱离教学所处情境，那么我们将难以发现教学的道德复杂性。教学不是一种行为或者活动，而主要的是一种角色。这种角色是由个体的男性与女性教师、多种传统、道德及其他理论、特定的学校文化、父母、儿童、政治家等创作的。教师绝不能只是"教"（像一架编织机那样织布）。当然，对于设定的目的而言，我们可以较多地将教学视为某些行为或某种表现的一种序列（比如，可以参考 Rosenshine. 1971）。

（4）人们经常重新定义这种角色。男人和女人也都会充任这种角色。性别的差异，对于这种角色的界定以及专业上的专长的理解，都会带来的不同水平和角度的认识。植根于这种差异是审视世界的具有道德意义的起补充作用的方式。(Belenky, Clinchy, Goldberger, & Tarule, 1986)。

（5）因此，关于专长的全面论述必须涉及道德和多个维度。针对专家型教师或通过他们的思考、反思或理论化审视也必须多方面反思道德的复杂性。这里也包括这样的事实，即专家型的专业教师必须拥有关于经验世界及传授的多方面知识，所有这些都是专业角色的价值负载方面。教师的知识不仅仅是某种内化了的"知道何时去做什么"的技术、仅仅受到技术影响的知识。在道德框架内理解的和个体表达的知识为描述这种角色提供了基础。

（6）专长就是专业德行，它必须在个人归因的道德语言中去发现。这些人类素质（诸如平等、诚实、勇气、关心、实践智慧等德行）是教师（在他或她的角色）具备个性特征、工作胜任力和行为能力的重要组成部分。因为我们能通过这些德行的概念在自己的角色中理解自己。这些德行是在教学中有效履行角色要求所必备的素质，同时也是教学内容，以及学生应该学习或获得的素质。

（7）教师作为专业上的男性或女性专家，能够在德行的范围内具有深奥的道德知识。这些德行不是某种可选的分析框架，而是深入教学的社会实践，因而可以用德行的语言描述作为实践的教学。重要的是，当我们回顾已更新的作为父母代理人的角色概念时，这种语言可以让我们在父亲的声音与母亲的声音之间取得某种平衡。

（8）虽然适宜教学的认识论根植于这样的一种社会实践，但它需要在核心的道德目的上（因而也在某些道德真理上）达成共识。这种认识论将对个体学习者的道德观点保持高度敏感，而且它具有"行动中认知"的特点，反映专业人员日常所做的受情境制约且急剧变化的工作。它不是一个技术性的专业术语，却是一种非常复杂的语言，提供了分析个人和专业生活的一般性框架。

（9）将对专业素养的刻画建立在这种专长的德行中心论（virtue-centered view）之上，完全不同于把技术知识作为中心的观点。这将影响我们作为一个教师如何评判自己，影响我们邀请新任教师如何看待他们自己的生涯发展，以及如何为实践者创造机会。这要求我们对我们的德行以及我们自己的工作中的德行提出疑问。

上述论点概述提供了一种连接方式，它将教师角色、从教的男男女女、教学角色提出的道德要求，以及教育机构中的学生实践艺术紧密关联。关于教育的显著不同的价值路径将依然存在，使得有关教育目的和手段，以及二者之间复杂关系的论争上升为专业的文化。一种专业可以兼蓄体现不同视角的目的观。

二、教育理论及其与实践关系的不同观念

然而，对于专长和专业知识而言，我们目前尚无一般认识论的根基。教学知识与教育理论在用于描述、解释和论证学校教育的语言中存在着显而易见的鸿沟。有时，实践者采取口号的方式运用负载理论（theory-laden）的语言。他们谈论着"发展阶段""强化"，就好像这些是关于自然的事实。有时，学者仍然固执地坚持已被质疑的理性立场。有时，一些实践者，特别是在社会科学中的人，使用他们自己所在学科的"自然的"语言描述课堂。有时，教学中有着丰富的可以进行多样解释的内容，因而教学中存在难以名状的语言（如同伊丽莎白·贝克向我们展示的），但是从实践领域中抽身而出的学者却不认可这种语言。通常，实践者将学者的语言作为专业术语而摈弃不顾，其原因却只是因为它们不适用于实践者的理解框架，因此，在总体上削减了这些语言可以促进课堂或学校理解的所有可能性。

缺乏共享的认识论，我们将如何理解理论和实践在形式上（而非实质上）

的关系？知识（至少某些必须是理论性）与行动（教师所做的事情）之间的关系又有哪些不同的观点？倘若我们去反思作为一种学术研究的教育学的状态，就不难发现这些问题存在巨大争议。针对理论与实践的关系，至少有四种不同的观点，在专业共同体中拥有支持者。它们分别是常识的观点、哲学的观点、应用科学的观点，以及实践的观点（Carr，1986）。

第一，存在着一种"常识的"观点。这种观点认为，实践仅仅意味着行动和思考与某种惯例和理论保持一致，鼓励采用已有的和处于发展中的存在和发展中的技能体系（P. W. Jackson，1986）。许多教师，以及忠诚于所教学科的教师教育者，会坚持这种观点，自然他们就像非专业人员一样，只是有些常识的人。

第二，这是一种关于实践与理论关系的哲学观点，在这种观点中，实践就是惯例，但是这种观点建立在某些理想和原则之上。这些理想和原则需要在理论上以一种反思和变革实践的方式加以表达与证成（Hirst，1972）。许多开明的教育者、平等主义者、教育哲学家，以及空想家，都会拥护这种观点，这些空想家们信奉完美表达的理想具有变革力量。

第三，在教育理论中占据主导地位的是"应用科学"的观点。在这种观点指导下，实践被视为技术性技能的集合，而理论则供给科学知识，这些科学知识决定了技术性技能的有效性。所有类型的实证主义者，尤其是行为主义心理学家和课程设计者、教育官僚主义者和"官方"教育本身都坚持这个观点。他们认为把教育目的与手段分开是容易的。他们在工作中痴迷于那种不能应用于他们生活的工具理性（instrumental rationality）模式（Oakeshott，1967；Peters．1979a）。

第四，这里还有一种关于实践与理论关系的实践观。在这种观点中，实践被视为在复杂、变换的环境中作出判断、运用智慧，审时度势的道德活动。在这里，理论工作者的任务，就是是为了推动实践的改进，而去通过发展实践者的实践慎思艺术，作出在道德上可以辩护的决策。关注行动的课程研究者、自然主义评价者（naturalistic evaluators），以及约翰·杜威（John Dewey）和约瑟夫·施瓦布（Joseph Schwab）在教育领域中的追随者深受这种观点的吸引（Walker，1990）。

　　这里有三点值得注意：（1）为了描述这些不同的观点，我将这些不同观点与相应的信奉者、不同认知与相应认知者联系起来，虽然这种做法显得机械笨拙。（2）每一种观点都包含着内隐的教育理想，以及相随的教育过程的意识形态。（3）这些不同的观点反映了社会科学中旷日持久的论争。那么，我们将如何去看待这些不同观点呢？

　　也许，本身就没有常识的观点。或者，其他每种观点都有常识的观点。例如，"如果我们能够明确教育的理想、目的和目标，那么教育将会得以改进"（哲学的观点）；"如果我们真的能够应用研究所告诉我们的结论，那么教育将会得以改进"（应用科学的观点）；"如果我们能够确切地知道教师行动所处的情境和复杂的实践，且确实做到了给教师赋权，那么教育将会得以改进"（实践的观点）。然而，实践者却乐于折中，愿意从每种观点或所有观点中汲取思想，获得结论。假如真的那么去做，那么折中就是有用的，便忘却了理论。对于学者来说，这不只是一场"选择某种教育理论"的理论游戏。事实上，在专业共同体之中，学术伙伴们有着激烈的争议，卷入了一场大规模、深层次的认识论冲突。这场战争发生在杂志专栏中、在基金会董事局圆桌旁、在晋升与聘用委员会上、在许多教育机构的内部组织中。理智的地位（及相应的理论与实践关系）遭受威胁。正如某些人所言，缺乏技术亚文化显然不是实践者的责任，但是，造成教育认识论中的混乱局面，却是学者的责任。

　　然而，每种另类的、被讨论的、充满争议的观点包含了某种特定的学者与实践者之间的关系。应用科学和哲学的观点拔高学者地位，而常识的观点则否认了学者的需要，只有实践要求学者与实践者之间发展亲近紧密的、相互理解的关系。我在本书第二、三章中关于发展统一的专业共同体的思考，与一种或其他几种认识论立场全然不一。在这四种观点中，起主导作用的当然是关于理论与实践关系的应用科学的观点。现在重要的是要看看，我对应用科学观的不足所作的早期评论能够怎样被证成。

三、知识与实践的应用科学观的三种困境

当前的主导力量常是教育经验主义，或更受欢迎的实证主义。它就像古老的封建帝国，或原教旨主义者的教堂，紧贴生活和权力，尽管外部世界早已时过境迁。我们似乎不能逃离这种力量，因为它似乎控制着我们的机构，以及我们的思维方式。我曾指出，它在当前思考教学的主要努力表现为这样的一种信念，即我们需要做的全部工作就是去"发现知识基础"（capture the knowledge base）。我还指出，与之相伴的将是政治的和等级的关系。一旦知识基础被确定，随之而来的将是，学者将这种知识教给教师，教师转而步入课堂，应用知识。

对于这种理论与实践关系的观点，以及相应的去构建教学知识论的尝试，存在着三种主要的困境。首先，热衷于知识基础的理论工作者缺乏足够的价值认识论（epistemology of value），或者没有区分事实与价值，因此当知识是价值负载的时候，他们会允许知识建构是价值无涉的。其次，那些尝试描述知识基础的人通常忽视他们遇到的一些问题。这些问题源于有关行动的简单观点，粗略地区分手段与目的。这种理论与实践的观点因而对实践缺乏足够的认识，因为对行动缺乏足够的认识。最后，将作为人的教师（teacher-as-person）与被使用的知识隔离开来，这在程序上和认识论上都是非常困难的。

（一）价值困境

当我们所决定的事情成为教育活动（并且因此向教育理论开放时），它预设了某种价值决策。我在本书的第一章从不同的角度探讨这个问题。这个问题是，道德话语如何成为教育的核心。人们不会在大学里看到这样的实验，即能否通过用棍子每小时击打 3 次或 20 次来使儿童学好数学。为什么看不到这样的实验呢？因为这里面已渗入道德考量。我们已经将某些学习方式作为非教育的方式而排除。我们所采用的技术，其本身已扎根于价值和道德的选择之中。因此，如果某人提出某种（教育的）知识的观点，它就必须被设置某些价值条件，但是这一点却很少被明确。事实上，我们准备认同的教育是，

会根据实际情况限定"教育理论"的范围，并依据"价值"进行筛选教育活动。教师做什么都受到非常多的社会和其他方面的制约。因此，我们会有价值的困境，会有获得教育知识（采用某种科学的模式）的难题。这种知识不被恼人的价值污染，或以头脑简单的方式将事实与价值分离（Schrag，1989）。教育理论的应用科学观渴望某种难以企及的标准，即价值可以与事实分离。因此，作为教学实践的认识论依赖于所谓的经验主义，将变得难以理解。但是，在自然科学中，理论的发展在这个方面仅会碰到很小的困境。

（二）目的—手段的困境

约翰·斯图亚特·密尔（John Stuart Mill，1843/1950）曾为理性行动作出了重要的区分，这种区分自此主导了科学逻辑。这是目的（我在行动前评价和决定的）与手段（已被验证的、在科学上用来达到我们的目的最好技术）的区分。密尔的观点是，目的与手段可以分开来描述联系，它们只是偶然关联，当我们在修建一堵砖墙的时候，这种观点似乎是好的。但是杜威宣称，在任何形式的人类行动中，目的与手段处于持续互动状态（Eames，1970）。奥克肖特（Oakeshott，1967）进一步指出，我们不可能公平对待实践情境，以分离的方式描述手段与目的。他宣称，在任何情况下，理性行动的这种规制方案（prescriptions）是难以为继的，因为实际上没有人根据规制方案作出行动。这不是一种令人信服的有关行动的论述。所以，当我们试图想象实践到底是什么样的时候，我们描绘出了不合理情理的画面：教师通过唤醒并应用知识而采取行动，且总是在决定手段之前选择目的。

在教育的社会性复杂情境中，采用密尔的区分是易于做到的，但是人们不是有意为之的。让我们一起来审视伊丽莎白的做法。她在儿童面前表现出体贴有礼，并非是达到某种目的的手段。她是在努力通过表现出体贴有礼（作为一种手段）去教他们变得体贴有礼（作为一种目的）。她同时并置教学"目的"与"手段"。我们再来看看汤姆，将他的热情描述成技术，或仅仅是他采用的策略可能是误导。（这也可能是一种侮辱，因为这表明那种热情不是真心实意的）。我们也看看辛普森夫人的教学。我们能怎样解释在她的基于道德标准的教学中的目的与手段呢？更为特别的是，我们为什么应该信奉那种教条，即坚持认为我们失于做到那些就是某种类型的理智上的异端。如果我们还努力从这三位教师哪里寻找事例，根据他们的工作经验教育新任教师，那么我们应该以某种经验主义的形式对这些知识加以整理以供应用吗？我把这种难题称为手段—目的的困境。密尔在教育理论领域中的追随者出于分析的意图而作出的努力常常歪曲了实践，而不是忠实于实践。

这种困境最显著的一个方面是，基于实验群体的发展，我们相信被证实的策略可以用于任何地方。理论对情境施加压力。为了保持一致，情境必须对我们的理论化施压，由此，理论变得适应实践者的行动，以及情境的复杂性。这意味着，对教学中，什么是合理的行动有着更为复杂的认识（Bennett，1964），即使我们已经发现它在历史上和哲学上的独特根源。

（三）知识与人的困境（the knowledge-and-person difficulty）

第三个困难也是真实存在的，它就是知识与人的困境。我们再次提到辛普森夫人、汤姆和伊丽莎白。如果我对他们的优秀教学进行的论述是令人信服的，那么我们如何准确地弄清楚他们知道自己的教学在某种程度上独立于作为人的他们是什么意思（Downie，Telfer，& Loudfoot，1974）。这里一直存在着发现这种教学知识基础在方法上的难题。我们似乎能做的就是去以某种方式认识辛普森夫人，把她作为人和认知者来加以认识（尽管我们认为我们不接受这种"知识"）。我们可以去了解她在思考什么，她重视什么，她如何做出决定和进行判断，以及在教学活动中她的个性、她所持的价值观，以及知识是怎样互动的。倘若我们要去准确地认识她的专业素养，或许我们需要讨论她对教学的理解、她的默会的知识，以及难以表达的理念，尽管她可能或不可能是那样的。最好的办法是，我们或许能找到让她自己讲述自己的方式。

当学者在面对第三种困境时，倾向于给它贴上"默会知识"或"判断力"标签，而且还把它看成是一个谜团，并不去触动他们所提供的、在根本上是对教学的经验主义的论述（Shulman，1987，1989）。这似乎是错误的，而且会导致把她作为教师的描述并不能准确地反映她自己。这种观点远没有舒尔曼的复杂。我们固执地坚持这种错误，主要是为了理论的便利。教师通常被描述成使用知识的人，正如别人使用刀叉一样平常，仅仅是带有一些不同寻常的特质。我们没有将知识基础和（或知识观）与认识主体联系起来。

试图采用应用科学模式建立教学知识基础时，这三个问题是无法回避的。教学的知识基础不可能价值无涉。如果这个观点是正确的，那么我们需要寻找某种接受价值主张的认识论。如果关于行为的观点太狭隘（特别是课堂行为），那么我们就应该发展一种能够反映复杂性的认识论。如果教学的知识基础没有将知识与作为人的教师联系起来，那么我们需要采用更为敏感的笔触，去理解教师以自己所具有的个性在承担教师角色时的作为。

然而，我们指出教育理论中主导观念存在这些主要的不足之处，并不是为了支持某种"一无所知"运动，或者是表明我们因此无知，认为教育中根本没有经验性的事实，否认教育研究所取得的进步。与之相反，在评价教学实践之时，经验主义的方法和技术是非常有用的。结论和方法同等重要。他们对于实践认识论的整体来说还是不够的。在这种传统里，已经和正在被描述为知识的东西并没有在教学职业的框架中确立起来，这种职业的框架涉及的是承担教学角色的人追求道德的目的。目前致力于描述基于应用科学观的技术性教学知识，似乎堕入上述困境，并且我们已没有能力令人满意地克服它们。在过去的十年里，人们也因此认识到菲利浦·杰克逊（Philip Jackson，1987）对知识基础研究是否取得进展心存疑虑。教育理论长久地处于令人迷惑的梦魇之中，在这个梦魇中我们认为教育属于科学范畴。

这个梦魇可能还会持续下去，这是因为教育理论领域中争夺权力的社会和政治斗争持续存在，而非因为对理论本质的任何严肃的关注，批判主义理论家曾高谈阔论，反复重申这一观点。至关重要的是，我们要看到我已讨论过的关于理论的四种论述中每一种都可以形成理解教育现象的有用框架。但是，我们还缺乏统一的框架。正如英格兰对社会工作的观点中所表达的那样，教育被看作人文科学而非社会科学的合理组成部分，在这种框架中，人们可能易于理解教学作为道德事业的观念。

四、实践认识论的条件

如果对应用科学模式的上述批评是正确的,那么我们首先需要建立一种替代性的认识论的标准,这种认识论严肃地对待教学中的道德实践。在没有标准的情况下,我们不能确定选择某个替代性的认识论是否是武断的行为。因此,我提供了以下衡量实践认识论的六条标准。

第一,(实践的)认识论是一种(实践的)知识理论,无论知识的社会决定因素是什么,它必须包含一种意义和真理的观点(Hamlyn,1970;Taylor,1970)。

第二,它需要找到描述、解释和证成的共同语言。它并非排他性的道德语言(Hirst,1972)。就像是历史学科,它包括采用来自其他学科的概念、规律、理论等等(Dray,1964)。

第三,它需要一种客观性的论述。这种客观性的论述不是由经验主义的观察所决定的,而是允许将主体间性(intersubjectivity)作为一种判断人类行为的适当方式。在历史学科中,人们充分认识到主体间性,知道有根据的判断(grounded judgement)、运用道德品格的概念,对于解释人类行为至关重要。比如说罗斯参议员(参见第四章)是勇敢的人,这是基于证据的判断,而非一种道德赞许。我们可以有能力与诸如主观性归纳(subjective generalizability)的观念打交道(Hollingworth,1992),而且,如同我在第七章里所建议的,我们可以从理想主义者的形而上学(idealist metaphysics)的层面重新检视一般与特殊之间的关系。

第四,教育教学探究的焦点是实践性的,不是理论性。因此,任何的认识论必须在某种范围内可理解。它必须可以提供有关教学技术、人类行为与行动、机构中的工作,认识教育活动的意识形态观点所涉及范围等方面的描述与解释。它必须在行动中而不仅仅在互动或行动结果中去发现其主要观点。

第五,它必须用一种人类行为匹配的理性行动观。密尔提出的那种工具性的论述对于控制性实验而言是充分的,但是对于实验室之外的变幻莫测的人类生活而言却是不充分。有两点需要接着予以阐述。一种认识论必须通过描述和理解当他们在所处情境中开展教学时的人类反思性行动（比如，运用他们的理性）方式，以此去发展一种有关行动中的理性（reason-in-action）的复杂而深入的观点。它还必须致力于理解这种现象，把教学中的默会知识作为行动中理性的附属物或构成部分。

第六，正如这本书的核心主旨所揭示的那样，一种认识论必须明确地拷问它与道德之间的关系。这不是舒尔曼和舍恩意图完成的工作。我们已经看到教学实践有着道德核心，它必然涉及人际关系，因而它的所有方面必须用道德标准来治理。确切地讲，因为教学表现为某种人际关系，因此我们需要描述和解释它的丰富道德词汇。但是，由于涉及道德理解，道德的实践认识论只能在这种基础上发展起来，即对人或机构的行为进行有根据的经验性的描述。

总之，实践认识论必须包含以下内容：
(1) 意义与真理的观点。
(2) 实践者和理论工作者所采用的进行描述和解释的共同语言。
(3) 客观性的观点。
(4) 对实践和人类行动的全面考察。
(5) 行动中的理性的观点。
(6) 它与道德之间关系的观点。

五、专业实践的认识论

毋庸惊奇，上述具体分析可以分为三类：知识（意义、真理、概念和客观性标准）、行动（理性、个人和社会实践）以及他们之间的关联、道德（价值，意图，行动的品质，态度和信念）。

至此，我已在这本书中采用以下方式处理道德议题。在第一章中，我提出了我们如何较多地以道德术语去理解教学的论点，除此之外，我认为专业素养应该有一个道德核心。我在之前讨论辛普森夫人、汤姆和伊丽莎白的过程，宣称专业知识和理解必须不只是包括科目和教学法的知识，还不要囊括我们可能称作为品格和责任的东西。我在第二章中讨论了嵌入生涯发展不同要素中的这四种要素。在第三章中，我强调了教师作为道德个体在其扮演的制度性角色和所处的专业共同体中具有重要意义。在第四章中，我通过描述五中核心的德行，以及说明每种德行在我们理解教学的道德活动中如何具有重要地位，发展了支持道德作为中心的大致理据。依据何种理据思路，实践认识论将会是道德认识论，但是这些理据的可行性将依赖于两点：（1）对知识特别是道德知识的融贯论述；（2）在教学的社会实践中如何将知识与行动相互关联，以及我们如何理解二者。

（一）知识及其组成部分

对于知识的传统哲学观点有以下几点：一个人所认识的可以在逻辑上分为三部分，命题性知识（knowledge of propositions），技能性知识（knowledge displayed in skills）和人的知识（knowledge of persons）。在此，我仅聚焦于命题性知识。命题性知识可以被理解为已证成的真实信念（Brandon，1987；Hamlyn，1970）。当一个人（A）声称他知道了 p（p 指代命题，比如，柏林是德国的首都），如果有人确切地说那个人知道 p，或者他自己宣称知道 p，那么有三种条件必须逻辑地应用于其中。这些条件是：（1）A 相信 p；（2）p 是真的；（3）A 对于 p 有好的证据。因此，假如 A 说，"我知道你的前一辆车是沃尔沃①"，A 必定相信我的前一辆车是沃尔沃；事实上，我的前一辆车必须是沃尔沃；A 一定有好的证据证明他所说的。这个证据是我曾用我的沃尔沃每天送他上班，或是他看到了我的车辆注册文件，或是 A 曾借了我的沃尔沃去纽约等等。在这种情况下知识获得确证需要满足这三个条件：信念、真实和证据。

通常人们不会对信念产生争议，因此除开伦理问题，人们有这样一种意识，就是愿意相信自己喜欢的所有事物。通常人们发现很难获得真实的条件，因为他们需要某种关于真实的支配性观点，即某些事物是"绝对"真实。代

---

① 沃尔沃（Volvo），瑞典汽车品牌。——译注

替绝对真实的是相对真实的，就像人们这样说道，"好吧，这是你所认为的真实"。而关于知识是否存在，知识是相对性的还是客观性的，知识是否根源于观念，或者诸如"上帝是爱"或者"资本主义在起作用"等争议都不是诸如我的车是用什么做的和 A 是否知道那是一个事实等日常生活里面的事例。我认为，核心问题并不是信念与真实相连，而是真实如何与证据建立联系，因为我们通过寻找证据来找出真实。

你想要的证据类型取决于你陈述的知识类型。例如，A 向我表达他知道我有一辆沃尔沃，但他说的是沃尔沃产自欧洲，这样陈述是不恰当的。因为 A 所使用的证据不能用于他想表达内容。同样的，你没必要在实验室里寻找 2＋2＝4 的"证据"，因为这是分析意义上的真实（analytically true），或者是下定义层面上的真实（true by definition）。再有，对于我来说，在牛顿的传记中寻找重力定律的合理证据是毫无意义的，因为重力定律所表达的与伊萨克·牛顿无关。事实上在牛顿用公式表述重力定律之前，它就是真实的。当然，没有必要将证据清晰地区分为分析性和经验性的类型，例如，我知道（已证成的真实信念）日本在 1942 年攻击美国珍珠港基地。这种历史的真实依赖于报道和记录、纪念碑，以及人们的记忆。它并不依赖于观察或复制，以及类似经验性的酸性测试。对任何陈述的真实性的支持依赖于表达的类型。许多学者（Eisner, 1985；Hirst, 1972；Phenix, 1964）认为，这些证据的不同都是因为有不同的传统，如果我们要去理解我们世界的不同本质，那么我们必须学习不同传统中的所有核心特征。顺便说一句，这使我们对如何教他们的问题持开放心态。

（二）走向道德知识

当我们审视教育的时候，这些是非常重要的事情。我们似乎深受实证主义教条的束缚，认为只有经验性知识才是知识。道德知识是不可能的，因为它不符合科学的规范。如果你获得道德知识，那么你可以得到教学的道德知识。

这是一个让人困惑的复杂的哲学问题。在此，我不能恰到好处地解决这个问题。这有可能吗？首先，让我们回想沃尔顿为勇气给出的例子。我们可以根据事实和处理事件者的理想及实践理性（practical reasoning）对一些事件作出判断。我们可以非常得体地说我们"知道罗斯参议员是一位有勇气的人"。我们并不是出于某种目的而使用"知道"，相反，它是已证成的真实信念，这种信念符合真实陈述的标准，并且因此是一种对知识的适宜的表述。然而，它包含经验性的事实，但它是一种道德知识的表述。如果认为将我们对罗斯的描述称为一种道德事实的陈述是正确的，那么在原则上我们可以同样对待关于教师的陈述，以及表述教师拥有和表现出来的任何一种德行。我们能证成有关一个人的道德行为（不仅能用于活着的人，也可以用于死去的人）的真实信念（比如，知识）。例如，我已经使用评价性的话语描述了辛普森夫人、汤姆和伊丽莎白的工作和他们的品格。我认为，我可以通过向你提供证据来证成我的所陈述的内容。这些证据是我知道辛普森夫人在道德上具有高度敏感，汤姆很有勇气，伊丽莎白表现出了坚定的信念。我断言这些是教学中至关重要的专业品质。

当我们采用道德术语去观察别人，观察我们自己，以及我们所处的情境，那么我们就参与进入诚如斯道特（Stout，1988）所说的"反身性民族志"（reflexive ethnography）。虽然他只是简单地使用这个术语，但是它能引发较多的想象，我们可以用它结合一套道德概念，以民族志的方式研究情境，换言之，我们在处理道德议题的时候，可以研究我们自己的当前的（和历史上的）社会生活，并且以此作为基础，建构有关教学的一般性的道德真理。事实上，斯道特认为，根据这一基础，有可能发展出一种连续体，这种连续体是从那些可能被判定为较为缺乏支持依据的价值观（即更具主观性）到那些已获得真理地位的知识（即更具客观性）。依照斯道特的观点，道德观点和命题落入"相对性的频谱"。在这个频谱的一端，我们可以说"奴隶制是错误的"，这是一个真实的道德陈述，事实上，它就是事实。在频谱的另一端，极力地对一百五十年前施行奴隶制的个人进行的道德谴责并没有较为公开地接受认识上证成。斯道特（Stout，1988：87）写道：

> 我提出了这样一种隐喻。归咎于道德谴责的主张和将人、实践或机

构描述成恶的（或善的）主张落在了相对性频谱的相对的两端。前者的真值，就像有关认识证成的主张的真值一样，它与人们所处环境的某些特征相关。后者的真值却不同样相关。

我们因此可以提出有关善恶、人的邪恶或美善、实践和机构的主张。它们似乎跟其他相关的、情境依赖的，或情境敏感的主张一样成问题，其中包括认识证成和科学中解释的成功。（Stout，1988：90）。换句话说，我们可以恰切地讨论道德知识。

这可能意味着什么呢？我在之前的章节里，通过描述教学的社会实践中事实性的、虚构性的和假设性的案例，试图遵从斯道特的作为反身性民族志的道德哲学隐喻。我在这一章的起始部分复述了这种视角，将教学作为一种道德事件。我对德行的每一个检视都能用来作为教学专业实践所需知识的表达，比如，避免欺骗意味着去实作。当我们在形成自己的反身性民族志的时候，我们可以期望发展一套有关知识，比如说教学诚实，并且能与专业新手分享对它的理解。（我猜想我们已经做了）我们可以使用这种知识来做自我评价。我在讨论诚实、勇气、平等、关爱和实践智慧等德行时作出的论述表明这些陈述可以用这些术语来完成，这些术语将成为道德真理和道德知识选择对象。我们在教学的社会实践之中能够从我们的理解、洞察和直觉中去期望发展一种道德知识的核心连续体。在某些情况下，我怀疑真理和知识的主张是显而易见的，仔细考查后会发现，有些主张将变得没有我们所期望的那般有力量。每种主张可能需要混入经验性和评价性的探究，就像发生在勇气的例子中的一样。

我对于实践认识论，还提出了其他重要的衡量标准，但没有清晰表明。假如我们要去分享对我们所知道的事物的陈述，那么我们也须分享语言，及其概念与形式，我也必须分享某种意义的意识（the sense of meaning）（必要的话分享真理）。此外，维特根斯坦（Wittgenstein，1963：88e）提出，"如果语言是沟通的手段，那么我们不仅在定义上而且在判断上（这听起来很奇怪）达成共识"。我们可以共享的这些东西在原则上可以获得客观性——或者至少关于个人和机构的陈述获得了主体间性。客观性可能成为主体间性的判断。描述的语言将是一个日益复杂深入的道德语言。它将描述更全面，因为它以实践为中心，其意义和真理的观念可以获得客观性，而不必在相对主义的泥沼中苦苦挣扎。

这样，描述专长和知识的一般观点的意图，就可以被接受。但是，就像斯道特的"命题分配责任"的例子那样，我们对个体讨论会永远不是相对的吗？某些时候是的，但原则上肯定不是。让我们再次以辛普森夫人为例。我们可能会很高兴地承认，她拥有道德知识，还传递给了孩子们（即，尊重他人），并且通过她的专业实践充分地表现出来。但是，我们该如何像对罗斯参议员那样对她作出判断，并对她给予正确陈述呢？特别是假如我们正在完成她的行为评价表时。这种判断会是一种道德判断，但是它如何表明是具有客观性的？

对于我们而言，对个人作出判断的罗斯参议员模式是有意义的。就沃尔顿（D. N. Walton，1982）来说，对关于勇气的事件作出判断应基于事实，基于这个人的理想的价值及在事件中的实践推理。依据这个模式，教学的社会实践中同样会有：

（1）被观察者和参与者察觉到的许多经验性、在地性和情境性的因素。
（2）关于教学专业德行与专长的已有概括性认知主张。
（3）个体"行动中的实践推理"（即，舍恩的行动中认知）。

在知识和专长的框架内，所有种类的如何教的知识——技术、技巧和策略——都经过道德评价之网的筛选，以及个体独特地开发。它们在历史上，不得不引入了概括化的意识，这种意识来自诸如基于客观性的科学模式的心理学学科。与辛普森夫人一样，仅仅像我们在生活中其他方面做的一样，我们因此创造了关于最佳实践和他们个体清晰判断的常见理解。从认识论的方面讲，那可能会是我们能做的公正的最佳实践。但是，当我们较好地理解实践，并且放弃试图从一个有局限的理论基础去推动实践的时候，那将是我们能做的最佳的教育实践。

（三）实践、个人和行动

现在，我们可以开始根据道德标准，（迟疑地）谈论道德事实、真理，以及教育知识和学科的技术性知识。当我们审视最佳行动的时候，当我们审视一位实践者一流的专业素养的时候，它不仅仅是能够作为教学卓越来进行评价的（事实或技能方面的）。就像辛普森夫人、汤姆·斯蒂文森、伊丽莎白·贝克那样，教学中总有一些更为复杂的东西，涉及他们是谁，以及他们用他们知道的什么去做什么。我们不能仅仅使用评价标准来作出回答。事实上，或许专业品质存在于不同个体的道德样式中，以及行为表现与言语行为之下。我们可以开始审视的是，真正的专业行为是通过专业人员个体与背景和情境密切联系的许多德行，包括实践智慧的复杂综合。

出于分析的目的，我将知识、行动和道德分离为构成实践认识论的必要标准。但是，当我抱怨科学应用模式时，区分这些目的是为了分析，并不意味着他们可以支离人类实际在做的事情。舍恩提醒我们，莱尔（Ryle, 1963：32）曾说道："当我理智地做某事的时候……我在做一件而不是两件事。我的行为有一个特殊的程序或方式，而并没有特定的先例。"因此，就行动中认识而言，舍恩写道，它指的是"我们在理智的行动中所显现的一种知道如何做的知识，它是可以被公开地观察到的、有身体外在表现的，如同骑自行车和私人企业中资产负债表的即时分析。在这些例子中，认知都是在行动之中的。我们可以通过自发的、灵活的行为表现将它显现出来，但我们很难用言语清晰表达"（Schön, 1983：25）。

关键性的知识是在专业人员个体的行动中以实例方式表现出来的，这就是对教学的五种核心德行的理解方式。让我们再次回想我对辛普森夫人的描述。她不仅理解教儿童尊重他人的重要性，更是在自己与儿童打交道和如何描述他人（例如，校长、妈妈、油漆工等等）感受的过程中践行尊重的观念。她通过自发的、灵活的行为表现展现了她的知识。尽管教师个体可能因为其他不同原因在这些方面变得有德行，但是，相当重要的是他们理解它们的意义，并且以此作为行动中和行动后进行反思的基础。（这些德行的）知识因而植根于（专业人员的）行动之中。

然而，如同所有教师一样，辛普森夫人所接受的教学是一种社会实践，所接受角色是特定机构所规定的（参见第三章）。正如斯道特所论，我们无需要接受麦金太尔的特殊历史的论点,将德行的力量视为社会实践(比如医学)和机构的构成要素。这是一种关于力量的哲学式论述。麦金太尔对机构的分析不可避免的是道德的,而我们通过构成性的德行来理解机构的社会实践。这些德行是这种机构的内在的善。机构中的角色隐含着用道德术语描述的权利与义务的规定。诸如诚实、勇气、关爱、平等和实践智慧的教学的构成性德行也会是这种角色定义的基本要素。改进实践的责任也必须用德行的术语来诠释。奥尔森(Olson,1991:23)写道:

> 为了从经验中学习如何成为一个更好的实践者,我们需要某些德行。就像麦金太尔所指出的,一种实践变得更好是因为人们愿意接受批评(=诚实),那些批评来自那些他们认为适合提出批评的人(=平等),以及愿意根据那些批评而采取行动(=勇气)……因为这些德行,从经验中学习也就成为可能了。

这些德行不只是能用来描述个人,而是通过机构中的角色实践植入机构的个性之中。

因此,教学是由德行所构成的一种社会实践。这些德行体现于特定角色的权利与义务之中。如果将德行归于具有某种角色的个人的表现,那么我们需要某种道德和经验的混合,以此作为宣称知识与信念的基础,这种信念是关于行动中专业知识的、可以依据证据证成的信念。在此,专长和卓越被予以定义。尽管每个个体自己不能说出"为什么做、做什么,以及什么时候去做",然而根据他们作为专业人员所作所为而进行的大量描述,可以成为道德和经验知识的基础。

至此,我已初步、粗略地论证了道德的实践认识论。我的论证超出了舍恩的建筑学案例,在道德框架中探讨了教学的社会实践。这是一种(教学的社会实践)实践的认识论(知识),因为它在专长中是显而易见的。在这种认识论中,理论与实践紧密联系,因为在一个对知识与行动有着不同理解的框架内,我们不仅作为教师去行动,而且还对我们自己及他人进行观察。

显而易见，就像其他任何认识论论述一样，我的论证令人信服。作为替代传统观点的认识论具有以下主要特征：

（1）它尊重价值与事实的复杂性的混合状态，不为理论的目的试图分离它们。

（2）它寻求仅从实践和实践现象中建立知识体系。

（3）它寻找一种共同的道德语言，以整合科学与叙事的方式，表明技术和技术概念。

（4）它否认教学中认识论议题与伦理议题的分离，并主张伦理中认识论证成的观念。

本章的论证只是处于建立框架阶段，我们还需要进一步的论证、具体研究，以及教学的自我研究（self-studies）。哲学的诸多方向已被描绘成成功之路，而非它们实际上所是的一些思想领域。然而，如果这一论证能沿着正确的轨道继续下去，那么我们可以重建专业人员理解他们行动的方式。例如，"我们已经获得了什么？""结果是什么？""学习结果是什么？"等一些核心问题依旧重要。但是每个问题都需要用以下这些问题加以审视："我们已经竭尽全力了吗？""那些平等且诚实吗？""那种结果值得达成吗？"之前提到的结果因而会以不同的形式出现。它将是一种激进的备择方式，在发展我们如何理解教学及作为教师如何理解我们自己的过程中，引导我们走出死胡同。我们的专业生活将因此转换焦点。在第六章里将讨论另一方面，即我们如何通过重建我们对职责的认识来解释我们所做事情的复杂性。

从一些方面来看，对这个复杂的主题，仅就基本路径作如此简短的论述是不够的。特别是，对有关的相互拮抗的文献没有权衡，也没有讨论批判理论。这些简短的论述，对我引用的不同观点所呈现的复杂情况，也没有作出恰当地处理。我再三声明，我所做的论证是要建立有关教师专业素养的宽广图景，并公开接受批评。

第六章　教育实践的专业准则

道德实践（moral agency）不像想象中的那样简单。简言之，它是指一个人在考虑他人利益时，不会因为不相关的理由而区别对待，并且对于他或她深信的或是表现出的原则与良好的习惯有种清晰的定位。如今，将教师视为道德实践者（moral agent），将教育看作道德工作（moral business）已经被纳入教师专业素养的职责范围。鉴于此，教师职责体系必须融入以下三个方面的要求：（1）现有的最佳实践标准；（2）专业教师在自己的实践中寻求质量提升；（3）贯穿所有教学任务的伦理标准。其中，这里提到的职责关注的不仅仅是教学行为，还应包含所涉及的人员的各个方面，如：与同事、父母以及社会团体之间的关系等。除了教师，学校作为社会事业机构也要负起相应的职责。无论是对于个人还是机构，教育的任务就是对个人和公共福利事业都要做出贡献。

因此，教师职责中的道德义务是显而易见的。专业教师从道德角色的角度来看，他们有这个道德职责去向普通群众、他们的父母或其他家庭成员，以及他们的雇主、监督者提供一些能够反映他们的努力和成果的报告。为了改善教育关系，尤其是来自家长和学生最直接的支持关系，专业教师应该找到这样的方法，使公众了解教育活动并且从批判的角度理解成就与失意，这些方法能有助于他们在实际应用和做判断时建立信任（Sockett，1990）。

很不幸，与我们关于职责的设想不同的是，教师对于他或她应服务的对象有关伦理或是道德方面的职责并没有体现在他们的讨论内容中，这种设想却成为政府部门审议的对象（Darling-Hammond，1990；Kirst，1991；

Kogan，1986，1990）。可见，职责已经成为提高教育质量的灵丹妙药，而且，对于职责的实施，从现有的经验来看，它已成为官僚主义需要斥巨资的麻烦事。教学和其他专业有时会被法律束缚，常常会因为一些如政治方面的原因，而忽视对委托人的职责。现今，大众开始质疑教师，而且父母代理人的角色也渐渐让位于法定诉讼程序，所以我们的责任体系进步了很多。造成这些变化的社会和历史原因是复杂的（Bell，1973）。20世纪70年代初，在工业化国家，不同等级的政府官僚机构面临着经济危机，需要限制公共支出（Macdonald，1977）。政府对于教师队伍中出现的不称职情况给予抨击，因此，政府有正当的理由加强对全体员工和财政的严格控制（Derber，1982；Ehrenreich & Ehrenreich，1979）。尽管最近一些教师违反规定的行为引起了人们对于相关法律的激烈讨论，而且我们目前仍在讨论美国在2000年提出的关于教师自主与创新的讨论（U. S. Department of Education，1991），但是如果没有一个强烈的政治意志，在经济持续衰退且国家预算减少的情况下，这种激情是很难维持下去的。

如果探索使以道德为核心的专业职责的追求能够持续发展下去的方法，它必定是以专业为导向的，能够协调政府和专业之间紧张的关系，而且是以一种公众能接受的方式推进职责意识的深入的，否则官僚机制将会持续加强。

在这一章，我尝试着提出一个新的方法来解决专业职责这一问题，就是将教学过程与道德努力协调一致。这条建议放宽了教师的管理需求，同时也加强了他们的道德职责。最后为了实现这一目标，我将讨论以下四个主要方面：

（1）职责会合理地解释为类似与道德职责相关的一些事；

（2）信任是发展专业职责的首要条件；

（3）指导实践的专业行为准则为职责提供了一个潜在的媒介，这与公众的要求是一致的；

（4）专业职责的道德立场是专业的全面发展的核心。

一、关于职责的两种论点

职责能表示某些类似道德层面的义务吗？职责与自主道德实践的两个概念在表面上看似对立。一个在便利店卖东西的人，从角色上来说，他在做别人吩咐的事。站在物主的角度来说，他仅仅是物主的代理。他可以被定义为是这一类人，他的行为受到预先设定好的界限和方向的限制，并且做着别人吩咐他的事情。从另一方面来说，一个完全合格的有道德的人，他或她的行为应该是完全自主的，能够对涉及原则的以及当前发生的事情做出决定。这类人不是别人的代理人而是个委托人。（在法律意义上有权做出决定。）从他或她的角度看，与销售员相比，神职人员有这种自主权。与我们熟悉的行业，如法学、医学、大学以及其他领域不同，神学家更像是一个独立的专业领域（Carr-Saunders & Wilson, 1964; J. A. Jackson, 1970），然而在制造业和商业所熟悉的典型职责层级中，销售员更像数百万的其他人（Langford, 1978）。

但是职责不仅仅是独立行事还是按命令行事的问题，它也涉及了政党之间的关系特点。以销售员为例，他对他的物主负有一定的职责，物主很大程度上因为销售员的能力获得利润。要更正式地说，这种情况下，职责制涉及代理人对供应者的责任，而作为结果，供应者也从代理对于资源的处理技能中获得一定的利润回报。销售员拥有顾客，而物主为销售员提供了一个可以对其他顾客使用销售技能的机会，销售员只需要对物主负责。而且物主想获得的利润是非常有限的——现金即可。（原则上，这里的销售员和提供者可以是一群人或是一个机构。）在 20 世纪 70 年代，上述所提的职责制中"销售员"模型被运用到了美国的国家教育体系中。教学账目被转交给了一个单一提供者——当地一个代表大众意见的教育管理者，而非有着不同需要和期待的公民个人，例如：家长、教会、雇佣者和协会等。对于职责制的衡量，就像商店物主最后算钱一样，仅限于对学生学习结果的衡量。

事实上，销售员模型的适用性非常有限，知识导向的工业、企业或是专业活动存在异质性以及复杂性，如果个人在做决定时或是以专业角度思考行动时没有足够的自主权，专业活动也将难以实施。雇主和受雇佣者都知道那种方式的独立对于成功是非常重要的。但是通过法律不间断地限制教师的自由以及与之伴随的强势的官僚主义，教学（与其他职业一样）也会被迫去适应这种销售员模式。在20世纪70年代，这也成了教师追寻的目标。设想作为具有复杂教育目的的任务，教学不能结合且适应销售员模式，或者与之相关的职责制的内涵。

在其他的模式中，医生无需运用他的技能为他所工作的医院所有者牟利。这里所说的医院就如同商店物主一样，对于作为顾客而言的患者，医生是负有职责的，对于患者的家属，医生也存在一定的职责。当然，对于他的同事，医生为了维护自己的荣誉，应该负起责任，而对于医院和其他人而言，医生也有一定的职责。在这种视角下，代理人不是对作为受益人的提供者负责，而是对提供者，客户受益人和专业同行三方负责，以取得成果和通过专业实践维持的标准质量。医生需要去看结果，去看实践的标准以及他应为之负责的个人。

教学作为一种职业似乎需要发展另一种职责感，但是这种令人满意的形式还没有发展好。如果教师没有被教室中一些琐碎的事情限制住，教学活动与销售员模式相比，也将需要更大的自主权，同时还要求在学生成绩方面做出适当的成就。教师往往需要表现为"委托人"（同样是法律意义上的），而不仅仅作为其他人的代表。教师也不必受限于职责关系，如将学校董事会作为"供给者"。因为这其中还有许多不同的职责对象，如老师、家长、同事、学生等。最终，许多有价值的教育目标无法用简单的绩效契约等角度来衡量，这些观点直到20世纪70年代才得到广泛认同。

对发展较完善的职责制的概念作进一步的解释是有意义的。首先，教师拥有多个支持者，对这些支持者有理由作解释。这种背景意味着需求的差异，公共利益未必会反映个人需求，也不仅是这些需要的总合。第二，关注点应该放在专业的实践标准方面，为了能够维持并提升标准，有必要制定一些规定，并且根据能力情况安排，以保证实践者能够达到这些标准所要求的。第三，教师不仅对维持实践中的专业标准有职责，而且也要显示出在现实中确实做到标准所要求的（Lessinger & Tyler，1971）。

这种职责的概念更直接地反映了教育背景以及教师、家长的个人权利和公众利益之间所造成的紧张关系。它包含个人作为父母、孩子、同事的权利，但是不认为能得到一致同意。它表达出了教学作为一门艺术的复杂性，因为教学标准会持续地发生改变。一些研究者使用不同的表达方式。通过区别个别当事人的职责（道德、职责），对自我以及同事的职责，对于雇主以及政治首领的职责（契约职责）（Becher，Eraut，& Knight，1979）。专业职责将会覆盖所有的这些，因此没有必要将专业在形式上看作是互相矛盾的。这种职责的概念与道德实践的基本概念相吻合。它不仅有助于发展并且能够向公众和个人证明发展的实现。

二、职责与道德职责

在专业教学领域，责任作为义务的观点，引起了两大问题：（1）道德结果的多元性。（2）个人需求与公共利益的矛盾。

（一）道德结果的多元性

道德结果的多元性的问题以及道德实践（moral agency）直接反映在对职责的两种解释中，关于职责的争论以及职责的两种不同论述反映了道德规范的主要区别，这就是目的论伦理与义务论伦理的不同（Frankena，1963；也可见本书第七章）。简言之，目的论伦理对结果更感兴趣，而义务论伦理对标准更感兴趣。对于前者来说，诚实的价值在于它能带来令人满意的结果；而对于后者来说，诚实的价值在于它本身是有价值的。"永远行动，这样你所做的能带给大多数人最大的幸福"，这与"己所不欲，勿施于人"是完全不同的。这些必要的事也会导致实践政策的不同。对实践标准的重视，而不是从能力中得到成就，为从另一种视角下发展职责提供了一个不同的道德基础，而对于结果的要求似乎仍是教师职责制在全国范围内得以实施的一个要素。

（二）个人需求和公共利益

任何的民主政策中，个人需求和公共利益之间都存在着矛盾（Barry，

1965)。在美国，这种矛盾的复杂性很大。事实上，它在所有的立法议论中都出现过，但是在社会生活的环境中，这种矛盾的持久力量才显现出来。学生家长希望公共教育不仅是一种公共利益，毫无疑问，因为教育提供给他们孩子符合身份的东西——经济上最大程度的优越性（Hirsch，1977；Hollis，1982）。尤其在一个具有自我强化好争的社会团体中，父母为了满足私欲而采取的行动可能不符合公共利益。私人施压群体中会尽力使特定的私人需求符合"公众利益"，例如，通过家庭生活课程形式。在他们的工作生活中，教师会面临着个人需求与公众利益的矛盾。从学生以及家长的角度来说，这种要求是为了"得高分"；从政府转化危机的角度来说，需求就是学校能够处理好校园中的问题（毒品、艾滋、青少年酗酒），能够激起社会不同类别社会团体的关注，而授权的流失已成为州议会的一大祸根。在那种情况下，个人需求与公共利益的相冲突，教师作为专业实践人员的发展将会成为一项不太容易的任务（参见第七章）。

需要引起我们最大关注的是，无论我们谈论的是职责还是其他事，都很难将适当的道德考量带入公众生活或者教学讨论中，因为我们目前政治生活的实践存在不确定性（Dunn，1980）。如果我们非常重视去追求一种职责的建构，这种职责建构模式能与教师的道德模范相一致，我们也将坚定地把道德问题放在应该放的地方——公共论坛。然而，一些宗教组织认为，他们可以不遵守世俗化的新教宪法中为人所熟知的宽容原则和个人良知。最为困难的是，贝拉和他的同事（Bellah等，1985）总结认为美国人已经丧失了为伦理争论的语言能力。阿兰·布鲁姆（Allan Bloom，1987）描绘了一群年轻的知识分子，他们沉浸在个人主义唯物主义中，在他们的身上仅存一些对道德实践的只言片语的理解。在某种程度上，教师并不高于这些社会表现，也没有不同于这些社会表现）。

由于不同的个人道德观，评判的核心是结果还是标准这两者间根深蒂固的矛盾，以及处于一个可能失去道德话语权的多元化社会，因此现在的任务仍然是促进对教师专业有一个全面的理解，其中个人专业的教师就是道德模范的体现。矛盾也是清晰的，需要制定一种可接受的形式，让专业职责与公共权利相一致。这种发展需要依靠于一个特定的条件，即信任，如果信任被很好地建立了，一个更有力的关于伦理的专业行为准则将被构建，而且也将会切实可行。这种行为准则会使教师需要负责的不同要素遵守的标准与期待的结果以一种专业的适当方式联系起来。如果把教育当作一种事业来看，以上似乎是最让人信服的职责框架。因为职责的多样性以及有自主权需要的教师，其专业职责的延续不仅仅是针对单一的供应者，例如一个学校的董事会，而且是针对多个不同的支持者。在创建职责的过程中建立一种专业信任，与其说他或她类似于仅仅对物主负责的商店销售员，不如说更像是对标准与结果负有明显职责的医生角色。尽管公众道德争论没有特别的明确，但是对于专业职责制的现实提议是有必要的，也许国家委员会对于专业教学标准的审议将会促进一个更加令人信服的专业职责制的出现，但是任何实际的提议都是完全依赖于对信任重要性的认可。

三、信任的重要意义

由父母代理人向法定诉讼程序的转变意味着教师与家长之间的信任出现衰弱的信号。如果以学校为基础的专业信任度等级降低是事实，专业教师将不得不接受那样的社会现实，并且需要想办法去赢回那些丢失的信任。我们中的许多人，都已经是或将是学生的家长，还有的已经成为教师，事实上他们很容易理解为什么一些老师不能够得到家长的信任。作为发展专业职责的条件之一，信任的重要性体现在何处呢？

信任是人与人之间的一种关系条件。它包含外在的和内在的两个方面，就外部来说，它是正规体系和当事人通过有地位的人联系在一起。就内在来说，它使得专业关系变得个性化。（外部——公路学校校长，克拉伦斯·琼斯博士，是被家长辛西娅·李太太和学校董事会主席玛丽亚·罗德里格兹博士信任的。内部——克拉伦斯是被辛西娅和玛丽亚信任的。）信任是根据特定的美德，通过行为的可靠性和稳定性来建立的，但如果它是真实的，那么就要完全依赖于没有欺骗。

从外部关系情况来看，尼亚斯（Nias，1975）已经讨论了信任需要的两个条件。首先，它能够准确预测这样一些事情，如：个人态度、反应、在角色行为上和组织程序上的专业能力以及专业连续性。但是，只有当一个人了解其他人或者他们的日常程序时才能进行预测。第二，在结束时能够被理解认可也是很有必要的。当结果出现分歧时，就需要对这其中的程序进行修改。这些条件构成了我们信任这个系统的基础。盖洛普民意测验显示出一个普遍的现象，人们对于他们孩子上的学校以及他们知道的教师感觉还不错，这显示出一种很强烈的信任感。另一方面看，他们会说教育作为一个系统是杂乱无序的，它表现出较低层次的自信以及缺少外在层面上的信任。信任在内部环境中可能是极好的，但是在外部条件下，事实上它需要同时适应机构和系统的要求。

从外部来说，信任的重要性在于它为当事人信任一个体系提供了机会，但是它却没有为这个体系提供担保。教师可能不会信任这个校区，但是却和这个校区中的个人形成了牢固的信任关系。在信任存在的地方，人们就会对体系以及操作体系的人充满信心。信任是由外在建立起来的，因为程序是清晰、公开和易理解的，并且因为官员为了使参与者获利，想要推动程序的更有效的使用。外部的就是公众和参与者最大程度想要看到的东西。但是，公众的满意度不是个人观点的总和，而且房产经纪人和政客的判断也不能反映一个特色学校的教育价值或者内在受信任等级。

因此信任的建立需要人与他所处的角色之间进行一种有意义的互动。学校，与其他机构一样，如果他们没有人情味，信任是不能够建立起来的。我认识的一个高中学生喜欢并信任他们的教师，但是每当她不得不与校长助理打交道时，她对学校的信心都会遭到严重打击。因为校长助理愤世嫉俗、粗鲁，贬低教职员工和学生。银行的出纳员是非常友好乐于助人的，但是电脑的出现让他们变得一直充满敌意。庞大的城市高中里官僚作风的大厅让家长不敢踏进，与之相比，小学校的家庭氛围，让紧张的家长像在家里一样舒服。

信任对于家长和对于老师来说一样，建立信任关系是个人知识的一部分，某种程度来说是依赖于个人了解他人多少的特殊能力。这就是信任外在与内在相通的地方，对老师来说，这是他道德实践的主要部分。他或她必须通过在值得信任的机构中工作而为建立体系中的信任做出贡献。信任不能简单地看作是人与系统所处的外部的关系环境，角色持有者的调解。它与学校内部的生活相关，教师个人与孩子之间、同事之间、校长和员工之间等等。

然而，这种情况该如何描述呢？我认为，就构成信任的美德而言，就是忠诚、诚实（诚实和不欺骗）、友善和关心。仅仅依靠与学校及其老师的信任关系，还不足以让这个系统被理解为一场多愁善感的"亲孩子"游行。孩子的妈妈卡尔弗莱西女士必须知道老师辛普森夫人是她和儿子罗密欧可以信任的人。在《为人师表》中描述的学校的一个管理者，发现杰米·埃斯卡兰特的无私和信仰与他的欲望是相违背的，因此不再信任他。信任关系是非常需要的也是非常难建立的，对于交易型的领导，得到的信任是很稀少的(Goodlad, 1990)，作为政治掮客很少能够获得其他人全部的信任。

信任对于孩子来说同等重要，我们在第四章已经看到了一些例子。我们需要保护小孩子远离危险，去鼓励他们，保护他们免受贪婪或野心勃勃的父母和一些官僚体制愚蠢规则的伤害；远离信息精密准确的问题；远离教学精细的任务中存在的一般困难，即规定一种欺骗性或谎言性的方式，将理解的知识传授给什么都不懂的孩子。正如我们所看到的，欺骗对被欺骗者的影响是显而易见的，被欺骗者掌握在另一个人的手中，谁也不会有意地屈服于这个人，这对教育事业来说是非常令人深恶痛疾的。诚实是原则。"信任在某种程度上是诚实，"席赛娜·博克（S. Bok, 1978：33）写道，"在人际交往中起到一种基础性的作用：当信任破碎或者磨损时，机构也就瓦解了。"诚实对于教育中的其他核心道德问题也是起着重要的基础性作用，例如，平等对待他人，顾及他人的利益以及不要伤害他人。如果一个人的话是不可信的，为什么人们能够认为他或她将是公平的、关心人的、不可能伤害他人的呢？换句话说，为什么那个人值得信任呢？

正如诚实一样，诺丁斯（Noddings, 1988）的关怀理论中提到美德对话、响应性和回应，在第四章也提到了，这是信任框架中的一部分。在教育情境中，人与人之间的相互信任关系较复杂的就是友谊的问题。为了建立和发展内在的信任，人们和孩子不得不成为一种亲密的关系，这种关系成为他们与体系之间的一种媒介。关系越亲密，就有越大的可能成为一种友谊，因此反对友好的关系（参见第七章）。友谊产生义务，但是又超越角色关系中的权利和义务，朋友之间是能够得到特权的。因为维持一种专业职责关系的需要，教师和学生之间的友谊（反对友好的关系）以及教师和家长之间的友谊是复杂的。友谊具有排他性，而在友谊关系之外的人（其他学生或者家长）可能认为这是对他们这些普通角色关系的一种威胁。

对一个机构来说，可能尽责对于信任而言与诚实同样重要。对于孩子或者父母而言，他们对于机构、教师个人或校长的"信仰"能够轻易地被减弱。例如：教师性骚扰学生；或者因为机构的失控，教师在学校受到攻击；指导员在宴会上谈论学生的隐私生活；特别有自信的校长被董事会的成员背叛；管理者无视教师的无能，这种无能表现为对信仰破坏者依然友好，或者教师本身即是这种破坏的受害者。

在信任的情况下，尽责才是一种美德。一个人可能有信仰但不一定被信任，因为信任是一种相互的关系。每一个教育事业的参与者——孩子、家长、教师和校长——都被标明尽责。还有诚实、关爱、亲切感，而不是友谊，它表明了信任的关键是建立一种专业职责。信任是脆弱的，不容易建立，又必须获得。在信任的基础上，伙伴关系才有可能。在信任基础上，同时能够承认人类的弱点，职责体系可以被认为是专业健全。或者反过来说。只有在专业体制健全的前提下，专业职责体系才能被建立（Goldman，1980）。在明显没有"最好的"方法的前提下，专业体制健全也有助于促进复杂的道德上的妥协。

因此，发展专业职责的任务由两部分组成：（1）专业中如何建立信任以及如何处理大范围的组成部分之间的关系；（2）如何使持怀疑态度的大众相信，在同年龄组的判断和许多其他的方面，教师是能够被信任的。现在，以我的经验来说，许多父母想要父母代理人的特权和法定诉讼程序的权利。他们似乎准备好信任教师，但是还未被证明。这些父母通常是叫嚣的中产阶级，这些需要不是普遍的。一个忠诚的教师可以很好地扮演一个父母代理人的角色，这使她的工作有价值，并且能够获得孩子和家长的赞许（Freedman，1990）。可能从父母代理人处获得的专业回馈，与其他一样，使中产阶级满意但是却不利于贫困的人，贫困者的孩子除了从教师处获得财富，不再积累其他财富，而教师是以他们看到的回应人们的需要。因此在与当事人的职业责任关系中，信任是最重要的，尤其是在教学中。

四、专业职责的基础

一个包含信任的专业职责体系的发展需要道德基础，能够适应多方面的意见，为当地所接受，并且由教师充分维护。它能够作为其他专业伦理标准的模型被认可。

（一）专业职责的标准

第一，如此的体系必须建立在一个公认的道德基础上。接受专业与专业要素之间存在一些适当的道德差异，它应该包含一些能够被认可的原则基础。通常我们会将重点放在人们关于道德观点的多元化上面。然而，仅仅让孩子在学校就读就意味着某种程度上的共识，必须找到扩大共识范围的方法。一般来说，教师工作时需要有一个清晰以及普遍的概念，即无论是对于 X 学校还是 Y 大学来说，信任到底意味着什么。

第二，多方面的意见是有必要的。如果职责制度被充分理解并且广泛运用，依赖学生的考试成绩作为唯一的测量手段是短视的。职责体系必须包含潜在的实践者、专业上的同龄人以及委托人在内的大量人员，以便他们可以根据标准和结果做出判断。例如：对于拥有广泛专业知识的学校教师以及社会角色，还有各种各样的测量。

第三，职责体系能够被当地人接受。它必须主要关注所在地区的情况，解答学生、同行以及家长——社区中的私人——仅位列大众群体之后，甚至是学校董事会。它还应该提供一个对于不满进行补偿的框架，并不是因为所有教师都是魔鬼，而是因为不是所有教师都是天使。如果没有这些对于所在地的关注，支持者失去兴趣，学校就不能协调矛盾并建立一个适当程度的信任。如果他们抱怨但是机构却没有任何反应，那么他们对于机构的信任就会变弱。

第四，教师务必使体系得到维护。职责体系必须以这样的一种方式建构，就是专业教师能够从维护体系完整这一行为中获得利益，并且公众也信任体系的发展。就像很多事情一样，如果人们想要感觉到要做的事情很重要，那么他们就应该有一种主人翁的意识。因此教师应该感到职责问题的重要性，并且意识到他们在公众信任问题上的职责。

（二）伦理准则作为专业职责的一种资源

在这样的标准前提下，该借用什么例子来发展这个体系呢？从历史上来说，专业自主是混杂的。通常涉及特定专业提出的法律地位。这对公民来说是有必要的，有益于反对专业中的渎职行为。在专业伦理标准中能够看到一些非常夸张的关于职责的愿望，但是普赖斯很好地表达了他们的目的（Price，1922：73）："伦理标准变得有必要，不仅仅为了去帮助机械工程师的实际操作，而且要告知世界我们期望从一个专业人的身上看到什么。"

伦理准则已经变成了熟知的专业自治和专业控制的话语修辞的一部分，从希波克拉底誓言到美国汽车经销商协会的伦理标准，对于理想中的行为的承诺声明为工作人员的团结一致提供了一种资源。至今关于伦理标准的影响和现状究竟怎样还不确定。对于目标、处罚还存在一些模棱两可的地方，除了法律制裁之外，制裁还必须用来强化道德决心。标准需要监督，并且它们不能解决道德两难问题——例如，希波克拉底誓言可以被用在关于流产的讨论会上。大众的表述也导致了他们夸张的角色，尽管汽车经销商的标准来自一般意义上的十个条款中的第一位"最高伦理标准"的要求，而不是具体的第九条"不要修改机动车辆的里程表读数"。

美国社会学协会有一个详细的伦理学标准，意在"使所有的社会学家对于出现在他们工作中的伦理问题敏感起来，以此来鼓励他们自我教育和教育他们的同事"（American Sociological Association，1984：3）。这被看作是一种"满足那些寻求指导的社会学家所表达的需求的尝试"。它也为与专业伦理委员会的联系提供了机会，重复检查了标准的内容并且对其潜在的投诉进行了负责任的调查。美国心理协会（American Psychological Association，1983）颁发了针对高中心理学教师更具体的伦理指南，是教师实践中普遍适用的正规的标准。教师联合会也制定出了教学中的伦理标准，但是目前尚不清楚在无法自治的专业领域中它们如何联系实际，也不清楚联合会如何解决大众——专业性的矛盾问题。

一些类型的行为准则能够成为满足专业责任体系标准的媒介吗？应当回顾的任务是，找到一种与教师的道德和专业自主相一致的方法，使用这种方法，公共控制和专业控制的紧张关系可以得到解决。

五、专业的实践指导准则

解决专业职责问题的一种可能的方法就是重新解释"实践导向的行为准则"的概念。但是，"行为准则"一词多少带有一些消极的包袱。它暗示着严格，缺少灵活性，并且琐碎，例如在高速路上行驶的行为准则。甚至一些让人尊敬的准则（清晰地包含禁止有道德的一些行为）有着死板的含义。

然而，设想"行为准则"一词被软化地解释为实践导向的行为准则，更像一个负责任的信条。讨论学校内外关于实践导向的行为准则，这将会开启和维持一个关于重建有必要的信任的对话。每个学校都有自己独特的环境和做法，每个学校将知道或需要发现现在的信任情况，并且思考是否需要想出这样一个实践导向的行为准则来达到它的职责关系权力。尽管有多种多样的方式和不同的内容，在讨论学校目标和学校实践的问题上，对行为准则的讨论将充当父母和社区的联系。显然地，讨论的质量将是极其重要的，但是只有当地的社区以及父母的贡献能够帮助建立适当的专业职责制，严格的校本管理的发展表明了这一点（Hill & Bonan，1991）。如果我以上所提到的标准都满足的话，尤其是信任如果被建立的话，那么学校将变成职责制的核心。如此实践导向的行为准则必须从教师的习惯和反应中产生，因为这些是教师们在专业中所收获的东西。

这些关于专业职责的计划是什么样的呢？为了填写专业职责的实践提议，

同时检查其存在的优缺点，我们需要看到三点，这三点是任何一般认定的实践导向的行为准则必须涵盖的地方，包括形式、内容和地位。形式描述了实践导向的行为准则在教学中的样子。内容描述了行为准则的实质性的领域。地位描述了一个行为准则在实践中是如何执行的。

（一）形式

实践导向的行为准则特有的形式将包含以下几点：

（1）它提供指南，而不是禁令，不依据个人或机构的举措制定标准或规范，跟随教师的道德模范作用。同样，他或她也应跟随道德指南和道德原则的指引。

（2）引导要涉及所有，尤其在新手、糊涂的及固执的教师使用时。

（3）广泛的多样的资源（经验观察资料、法律和会议）对内容是有贡献的，当它在描述人际关系时是一种道德的推动力。

（4）解释是需要的，对于指南所涉及的意义要具体情况具体分析。

（5）行为准则需要有职责的人或者有权威的人去管理和关注，例如，随时更新，负责处理投诉和不满。

（6）指南必须是大众容易接触到的，在行为标准的建构过程中，大众评论、建议以及贡献是很重要的。

这些正规的特点需要大量的修饰。设想校长史密斯的学校，与家长讨论，决定学校将变成一个"关爱共同体"，所有的教师必须遵循一般的原则。这个原则将适用于他们做的所有事情，例如，他们在教室中选择什么样的行为去约束或者不约束学生们。能力较弱的教师将会寻找实践指南来提供及时的帮助，新老师也会在上面找到如何在 X 学校行事的策略。自我监督或者指导，抑或教师研究以及外部的调查，结合着反映教师做什么以及为什么这么做的讨论对于发展学校的指南是有帮助的。这里将不足以去关注编制健全的问题；必须寻求学校精神气质的道德意义（Cusick, 1983; Cusick & Wheeler, 1988; Grant, 1988; Lightfoot, 1983）。而且没有一条指南是完全明确的，讨论和公开辩论是有必要的。

显然，实践导向的行为准则对学生来说是有特殊地位的。因为它明确了人际交往中适当的行为的意义，它包含了应该教给孩子的内容。学生需要学会如何与权威相处，行为准则的价值在于为学生提供了一个框架，它不仅是学生学习的一种资源，而且能够作为改正不良习惯的资源。显然地，在这样的管理中也存在危险，但是"学校和学校"已经发展得超出了科尔伯格的观点，布鲁克林高中的共同体已经与教师形成了很好的关系，在学校里，专业人员都是负责任的（Power, Higgins, & Kohlberg, 1989）。但是，我们必须回忆一下这次讨论的内容，是大众与专业控制的矛盾。建构这样的实践导向的行为准则仅仅在工作场所会遗漏那一点。大众理所当然会关注两个问题——可达性和约束力。

传统专业伦理准则或者专业实践准则常被宣传，但鲜有展览。尽管人们能够在一些汽车经销商那里发现一份伦理准则，但在经过一个医生的办公室时只会发现墙上陈列的医师执照，却从没见过医学伦理准则。专业教学实践行为准则指南应该如何建立以适应当地的情况，又如何使大众获得这一指南呢？

第一，行为准则的组成需要父母和大众的投入。这不是公众关系而是普通的经验（和常识），因为教育的过程对于孩子的父母和对于教师而言看起来是不同的。如果学校为每一个学生提供了一个基础的提高生活的经验，专业理应听取当事人一方的意见。和其他专业一样，教师有时因为它们的角色而容易变得盲目。在行为准则创作的过程，当编写规则时，专业人员不应该考虑"这是否属于我目前的能力范围"这个问题，而是应该考虑"如果作为我自己孩子的老师应遵守的行为准则，这能让我满足吗？"这个问题。这种"如果他是我的孩子会怎样？"不是一种平常的情感。这是最深的道德原则的一种表述方式，叫做道德公平，它迫使教师以一种公平的观点看待问题。

第二，为了商议和使用，实践行为准则指南应该是公众容易获取的，细节必须与可访问性相平衡。许多学校已经为家长和大众出版了各种各样的宣传册、计划和文件。这样一个行为准则没有理由不成为宣传的一部分，因为它含蓄地表明了机构期望它的专业是什么样的，以及他们对彼此的期望。但是只有出版是不够的，必须使用实践行为准则指南。它应该在家长—教师讨论会、家长—教师座谈会以及公众讨论时被提及，这样能够确保它成为公众心目中一个活生生的东西。描述的形式也是非常重要，因为它应该成为一个可商议和引导的文件，而不是设立一条保障政策或者规章条例。制裁和公众可及性之间的关联现在已经很清晰了。对于构成当事人（例如家长或者孩子）来说，掌握教师或者学校在行为准则中包含的公众委任形式的报告必须是可能的。在新的关爱共同体中，必须是内外条件都满足的，如果辛西娅·李的孩子在新的关爱共同体中没有得到关心，那么她应该获得赔偿。

最近我发现了一个家长与校长之间的讨论，关于家长想要了解中学中存在的毒品问题。如果是这样，该做什么呢？校长对待家长就好像这不是他们的专业，除了学校董事会以统计的方式公布。明显地，这样是不能长远发展的，他们没有补救。然而，没有惩罚的职责是空洞的。如果专业教师想要的职责体系能够起作用，实践行为标准指南必须包含惩罚的机会，更多的是为了补救。通过运用实践行为标准指南，家长寻求补偿成为可能，而不是使用当地官僚的等级管理体系。毫无疑问，他们已经指示校长不能将学校中滥用毒品的信息公布出去。

讨论像学校一样的团体，共同掌权是非常重要的，一个包含制裁的实践行为标准指南可能会损害而非促进专业化。问题不仅是有懒惰的、逃避工作的、无能的或者完全不专业的人在从事教学，正如每一个职业和专业中都有这样的人。哈特（Hart，1961）写道，在一般的法律体系中，制裁不是作为服从的正常动机，而是为了保证那些自愿服从的人不会被牺牲给那些不愿意服从的人。志愿与强迫体系的合作需要什么理由呢？因此制裁为那些在非正式制度压力下受苦的人们提供了一个保障：它们保护弱者。在某种程度上，将人们放在制裁体系下的意愿是为了提供信任。我们希望我们不需要强制性机构来确保我们的自愿合作。但是建立一个完整的专业体系并不意味着忽视对人类弱点的考虑。对于一个关心职责的人来说，没有制裁就显得空虚。对于一个有自主权利的专业人士来说，带有制裁的职责似乎是不适合的。必须寻找一种专业职责的运作模式来弥合这一鸿沟。

目前，有很多专业生活的领域有待会议讨论，例如，同事之间的关系。

这些通常完全是外在的正式补偿。设立团队的习惯已经发展成为专业的一部分——想到在高中特许休息室的"运动员"的习惯。好的习惯可以发展，早些时候系安全带没有法律上的压力，但是现在我们中的大多数，法律规定使我们的习惯改变了。我们不会因为这是法律规定的而随后系上安全带，因为我们看到它的重要性。相似地，带有制裁的行为标准的建立，不是意味着无止境的诉讼。它的影响在于把理想的专业习惯变成觉察到的、有规律的习惯。最终，带有制裁的行为准则为专业提供了两件事：（1）遵守作为指南的行为标准，而不是作为一种规则的设立去服从；（2）对能力、标准和结果保持自信，相信它们能够在人们寻求补偿的机会中被考虑到。

从很多的资源中能发展出实践行为准则的形式，它是一种规则和指南的设立。尤其是在构建过程中，它需要在一个权力机构下不断重新解释和维护，这也将确保有效的制裁制度和公众可获得性。这就是它的形式。考虑本章讨论的目的，有必要简单提及它的内容。

（二）内容

行为准则实践指南的目的是要管理行为，而非管束信念。实践是目标。因此内容将描述从业者在工作中应该做什么。

（1）在正式的教学情境中和与学生非正式的交往中应该做的事情。

（2）在学校中合作共事应该做的事。

（3）与家长以及其他适宜的当事人的正式和非正式交往中应该做的事情。

（4）在管理关系中应该做的事情。

（5）应该遵守的实践者共同维护的纪律，纪律是学者和自我传统的生存共同体。

内容的来源是大量的并且可以得到的，例如，可以从有效的学校文化和它的批评者处得到（Feiman-Nemser & Floden，1986）。但是它主要的作用还是在于有争议的领域，这些领域的问题很难解决。重要的是，实践行为准则指南要准备好去解决一些教师面临的更棘手的问题，和一些他们可能不知道如何去面对的问题。正是因为包含了这些问题领域，才能确保这是一份有生命力的文件。以下是一些例子：

（1）在什么条件下教师不应该把学生的情况告诉家长？例如，如果一个孩子失去了信仰，教师是否应该告诉他那信奉基督教的父母？（参见第七章）

（2）一般来说，教师应该如何保护学生的隐私权不受父母侵害？

（3）在课堂中讨论战争时，那些父母拒服兵役的孩子的权利要如何保障呢？或者在课堂中讨论饲养家禽时，那些父母是素食主义者的孩子的权利要如何保障呢？（而且，针对这种情况，"撤回孩子的权利"难道不是管理上和专业上最平庸的回应？）

（4）教师是否应该毫无疑问地尊重同事们的"权利"，或者像他们在课堂上所希望的那样去表现？同僚合作与无效率或不道德的容忍行为之间的界限是什么？

（5）教师在教学中应该遵守的一般纪律规则，是否源于该纪律的特点？假如孩子是在历史或者科学中"猜测"，在数学中偶然"得到正确的答案"，或者学习错误的东西，即使它们普遍被认为是正确的，这是否重要？

（6）管理者应该做什么才是尊重教师作为学校一份子的权利？管理者限制教师在课堂内的政治讨论，这一举措要将教师的公民权削弱到什么程度呢？

从不同角度来说，这中间的每一个问题都表明，如果教师有更大的自主性和专业职责，这将具有很大意义。但是还有一种情况，专业人士主动制定已经与相关公众协商过的实践指导准则。在这种情况下，学校董事会将不可避免地根据最低难度和官僚的建议，决定教师应采取的行动和自由限度。在这个基础上，教师既不是自治者也不是道德模范，而是一个他人意见的承办商。

（三）地位

建立专业职责体系的目标是解决公众与专业控制之间的紧张关系。一方面，如果不是管理上的，那么有必要建立一些形式的公众控制标准和职责体系。专业抱负意味着一定程度的自主性，从而也意味着一定程度的专业控制。实践行为准则指南能够同时满足这两种正当的要求吗？我想，只有通过公众与专业人士的合作才能实现。

以学校为基础的实践指导专业守则可以作为公共管理系统的一部分，同时采用更传统的问责制形式。他们可以被纳入新的校本管理体系中，通过学校与学校支持者的讨论建立起来。他们可以被视为教师和学校职责中可识别的、公正的、必要的一部分。他们为许多大的学区提供了一种优化与家长和社区之间关系的方法。他们将有个道德基础，涉及复杂的判断，能够完全被本地获得，并且教师能够长时间维持。我相信，这不是一个激进的或者革命性的建议，无论其实质的价值何在，这一提议都适合美国当代的一些发展。这样的发展需要包含：

（1）贯穿学校体系的授课模型的使用。
（2）基于个人学派和团体的年度或者两年的发展计划。
（3）学校内做出的合作决定的推广运动。
（4）导师和教师作为同事评价者的应用发展。
（5）校本管理的活动，学校内有很大的适应本地发展的职责。

一个教育模型的作用往往关注的是教室中的教育行为，作为教师遵守的"教育实践的行为标准"，但是我对这个实践产生很强的犹豫感还有其他原因。每年或者两年计划的发展为公众宣称"取得成果"提供了时机。这样的时机也为"实践标准将会维持和发展"这一观点提供了一个极好的机会。除了仅有的教学行为之外，校本决策还体现了机构对于教师专业判断的信赖。经验教师和教师评价者的使用对于实践标准的专业化发展是非常有用的，因为同等群体的评价减少了优势，关注的是授课的实践。真正的专业人士不会简单地忍受同行的评价。他或她必须借助这些评价来提高他或她的实践标准。

这些不同的运动中最重要的就是对校本管理中的犹豫不决（Hill & Bonan, 1991）。校本管理是由学校董事会和管理者负责的，并且在国家和当地标准限制的合理范围内，授权给它建设水平。它承认了专业职责，因此很好地解释了当地第二次改革波动意味着什么（Darling-Hammond & Berry, 1988），以及他们对专业教师的暗示。核心管理者不再是回应政府意愿的官僚控制机制的延伸，而是学校承担社会职责的回应支持机制。这种实践的发展仍然包含着没解决的矛盾控制问题。除非职责模式更加地方化并且专业者能够把标准承诺展览出来时，否则将没有专业职责的存在。除非专业人士意识到他们自身的问题，但是仍然对于他们的能力有足够的自信，并且直到公众与专业控制之间有一个发展的合作关系时，才能邀请人们和公众来评判并且让教师用那些标准来衡量。

有必要拓宽大众职责体系的视野，说服那些以大众利益的名义控制着系统的人们，通过推广专业实践行为标准指南概念，协同公众与管理者一起，让他们意识到发展当地信任的重要性。大众、公民个人以及家长需要看到这些和其他发展将作为一步最终促进教师的专业化。他们需要看到它暗示的广泛的统一，并且他们需要进入习以为常的讨论中，这意味着将解决公众控制与专业自治之间的矛盾问题。尽管将仍然存在这一真实的情况，当专业行为标准受到法律的保护，却在由其成员执行时，专业的地位能够得到最有效的保障（Corwin, 1965），但在抚养孩子方面，专业人员和家长之间关系的亲密并没有增加法定诉讼程序的机会。

当然，这样的实践行为准则指南将不会对当地和政府的所有原因都适用。我想，假如我们的头脑中没有对标准概念固执的想法，概念本身也不可能完全与我强调的专业实践中的美德相对立。然而它能够提供一个讨论的基础，在试图创造出一个文本明确与没有争论之间寻求平衡是一个挑战！在地方，这将在很大程度上取决于社区内教师的领导能力和开放程度，因为各地的教师并不知名。在政治上，它涉及各种各样的问题，来自向上晋升的绩效评价。教师作为专业道德模范，如何维持他或她的职责意志，这是个问题。延伸来说，其他关于夺走教师手中的职责的建议，这种专业期望是失败的。如果我在这章节提出的建议大纲不能被接受，解决专业——公共矛盾的任务将仍需要一条更有效的路径。那也将意味着完全不同地构想这个问题。

第七章　专业理想和专业角色

　　记录杰西卡·塞格尔生平的传记作家塞缪尔·弗里德曼（Freedman,1990），带领我们度过了这位年轻女老师的工作时光，她曾致力于儿童福利事业。他记录了自吹自擂、琐碎的官僚作风和她所面临的地位问题等生活场景，所有这些场景都以不同的方式羞辱她。她遭遇痛苦，她做出牺牲，她默默忍受。她中了别人的阴谋，被他人的贪婪所欺骗，然后她仍保持着激情和信念，为自己信仰而坚定不移。理查德·罗蒂（Rorty, 1989：89）写道："让人们长久痛苦的最好办法就是羞辱他们，让那些他们认为最重要的事情看起来是徒劳的，过时的，无力的。"我们可以想象，我们中的一些人甚至可能记起，理想湮灭是多么令人痛苦。我们常常无法清楚有力地表达我们对社会理想的激情（Zeichner, 1991），我们甚至无法描述它的模样。

　　杰西卡深陷徒劳无功的理想篝火之中，但她是坚定的，并献身于理想的火焰。她"耗尽"（burn out）了自己。这是一个在道德上令人反感的词汇。发动机、电动冷凝器和阴极射线管的阀门都会被耗尽。建筑物、仓库和工厂也都会被耗尽。从道德上讲，人类与建筑物或破旧的机器没有任何共同之处。当我们使用如"耗尽"这样的短语时，存在一种普遍的危险，即把人当作机器来进行类比，从而使自己和他人失去人性。道德词汇的丧失会导致道德愤怒的丧失。我们需要人的，而非器物的描述方式（Harre & Secord, 1972）。为了做到这一点，正如这本书中主要议题一样，我们必须重新使用道德语言。

　　服务的理想（ideal of service）是教师专业素养的第四个也是最后一个维度。即使是以专业守则为实践指导和专业美德为基础的实践认识论的专业人士社区的优先背景,理想的语言也使我们进一步进入了道德语言的领域。所有主要行业都从根本意义上对人类改善做出承诺,例如:健康、公正和教育(Goldman,1980)。作为一种理想的东西,它提供一种思想和谈话的基础,以指导基本目的;它提供一个主题,这个主题必须是专业团体观点的核心,并由它的历史塑造形成(Cremin,1989;Holmes,1988)。但理想并不是单一的。它可以是一系列的理想,例如:关于角色的本质,关于适当的有服务理念的理想课程,关于机构的精神等等,所有这些都是核心的理想。我认为,寻求正式的专业理想并不是盲目建造乌托邦,而是要把那些被锁住的教师专业精神的本质,带到公开的根本问题上。在本章的前半部分,我将概述一些理想的基本因素。我认为,教学作为服务于培养人才的理想,如果要正确地追求这种服务,就需要不断地变化和发展。然而,理想是一幅无法实现的带着美好愿望的图景,它既可以作为指导,也可以作为支撑。我们对理想的理解可以通过不同的定义来丰富。重要的是,在教学中,当我们学习不同的角色时,我们可以学习不同的具体理想,这些理想可以被解释为不断扩展的社会实践的内在的善(internal goods)。

在本章的下半部分,我将研究三个非常不同的问题,作为一种论点的发展,即教师的理想角色应该是处于父母代理人的地位。提出这个观点并不意味着讨论的结束,而是当我们在讨论理想时,用来说明不同问题的相关性——在这种情况下,更精确地描述了教师的理想角色。所描述的问题是:(1)个人师生关系的信任困境;(2)家长对学校的选择;(3)我们如何在教学中体现正直。在教学中,除了理想角色之外,还有许多理想需要被阐明和主张,尤其是那些与民主本质有关的东西(Dunn,1980;Guttmann,1987),但我只关注其中一个,从对理想的普遍描述和他们在道德对话中的地位开始。

一、服务的理想和教师个体

理想如何适应我们人格的道德天穹,这种人格又如何与教师的角色相适应?实利主义(materialism)让我们不能区分为自己利益而作为的人和不计个人所得地为他人利益而作为的人。心理分析师倾向于告诉我们,我们所做的一切都是为了我们自己真正的快乐。因此,教师、医生或其他专业人士为了自己的利益而努力达到适当的专业水准的观点,在实利主义者看来似乎是不可理解的,他们会问——这对我有什么好处?因此,一个专业的教育者不可能是一个严肃的实利主义者,因为他或她的生命与(某种)服务他人(不是他或她)的利益紧密相连。

教学,作为一种角色,意味着提供一种促使他人去学习的服务。因此,任何教学理想都必须包含某种服务理想。这种服务延伸为一种责任,即对一个人发展成为完整的作为人的道德主体(full human moral agency)负责。这个学习和成长的过程,对教师的培育和关怀行为提出了特殊的道德要求。对于那些被服务理想推动的教师而言,需要努力的是如何将这种理想扩展到所有儿童,无论他们残疾与否,有无天赋或物质财富、背景和条件如何。

这种理想不会被它要实现而面临的艰巨困难所击败。事实上,我们还没有认识到如何最好地使世界上的儿童从教育中受益,甚至如何处理我们自己的课堂,但这并不意味着我们应该放弃理想。这种理想既不会因为像校长吸毒那样的腐败案例,或是因为奥尔德夫人表现出的更为常见的能力缺陷而破灭。理想既不会因为部分儿童拥有自然禀赋和享有地位优势而造成的不平等所击败,也不会被教育是地位商品①(Hirsch, 1977)这样的看法所击败,这种地位商品给了孩子们获得不同社会地位的机会。

换句话说,一种理想不是被实际的生活条件所击败。这些条件仅仅是提供了对质量和承诺的挑战和测试。服务理想的价值不在于获得成就,而在于作为一种道德指导的价值。这与个人主义和实利主义的社会形成了鲜明的对比,这些社会认为取得成就具有很高的价值,能获得显示地位的商品。学校倾向于追随社会,奖赏精英学生。然而,这给教师造成了两大难题:(1)如何平衡每个学生的成就与其他个人素质;(2)如何认识所有学生的价值,无

---

① 地位商品(positional goods),也译为位置性物品,是指可以看见的有形物品,如汽车和住房。对这类商品的消费会影响消费者在某一社会环境中的相对地位。——译注

论他们的实际成就是什么。这些难题只发生在人的道德价值被重视的地方。汤姆·斯蒂文森显然花费了巨大的精力和较多思考来对那些 14 岁的叛逆学生进行教育。他承认他们作为人是有价值的，尽管他们的成绩很差。他们中许多人具有这些性格特征——忠诚、决心和努力工作（如果不是在学校）——这些特征是学校不能测量的，但却能被教师发现。

这种为每一个孩子提供服务的承诺，能够为阻止那些雄心勃勃的家长、贪婪的学生或精英的压力提供理由。没有这样一种服务的理想和角色道德观念，很难理解为什么教师有权利培育儿童，除非在合同中给予他们最低限度的技术裁量权。然而，正如洛蒂（Lortie，1975）等一些教师所指出的，许多教师能独立地理解和珍视事业的根本目的，无论他们是否觉得自己适合这种职业，是否能够履行如同古德莱德（Goodlad，1990）所提到的教师教育者所肩负的改进学校的责任。

（一）道德生活中的理想

当我们在道德话语中使用理想时，我们不拒绝理性的使用。理想和理性不需要相互排斥，因为它们似乎是在道德理论中区分"应该"（义务的概念）和"善"（对自己或他人最好的概念）。对于康德和他的追随者来说，应负的责任或义务是主要的（Frankena，1963；Peters，1966）。然而，对自柏拉图以来的各种理想主义者来说，在爱瑞斯·默多克（Murdoch，1870）的说法中，"善"的概念是至高无上的。理想是一幅图画，一种远景，一种对一个人或对人类有益的观点。因此，我们可以以理想为基础对人进行区分，生活在理想的基础上的人，只在理性的基础上做事，他或她应该做什么，从而致力于基本的道德原则，比如黄金法则。默多克把一个理想主义者描述成这样的人，这个人在他或她的思想中构思和寻求他或她想要实现的道德生活，从而实现道德生活。这样的一个例子就是一个受人尊敬的宗教或政治人物，如基督或甘地。

关于义务和好处这两者之间区别的另一个问题如下。康德只以他或她的原则为基础展开行动。但这无疑也是对人类生活的一种难以置信的观点，因为康德所奔的方向是什么？什么样的道德目的似乎值得追求——例如，沉思的生活或行动的生活？尽管理性可以帮助做出这样的选择，但它是否可以想象，一个人的行为仅仅是基于理性而不是一个非理性的偏好（如通过成长所创造的），或者是一种信仰，一种对某种理想的承诺？人类有很多选择，他们可以选择一个伟大的职业，他们希望创造什么样的家庭，有什么样的政治或社会愿望。如果这类选择不合乎逻辑原则，那么理性和道德原则往往在实际上是中立的。例如，一个人的政治观点，不仅仅是现在应该做什么的一个概念，而是由一些理想的图景来管理，不管是多么模糊，社会应该是如何的。正如温奇（Winch，1968）所说，哲学不再能展示一个人应该重视什么，几何学同样不能显示一个人应该站在哪里。有趣的是，许多声称康德主义道德形式的人都是政治自由主义者，自由主义是民主原则的集合，是不现实的理想，如机会平等（Barrow，1982）。因此，康德主义者面对影响将要做什么的（道德上的）选择时，不能仅仅依赖于源自理性的义务，而是必须有关于何种理性而不是所有理性值得重视的偏好（至少如此）。

另一方面，一个彻底的理想主义者不能简单地从空气中攫取一套见解，比如说，追随甘地或基督——或者教育是什么或教学是什么——并期望这来满足他或她的道德生活。仅仅说我必然爱我的邻居是不够的，正如无数高级教士催促昏昏欲睡的教堂会众一样，理性必须决定谁是邻居。一个人此时此刻必须基于理性知道类似基督所做的事情将是什么。同样，在政治理想中，当涉及消极抵抗和公民不服从时，我们并不清楚甘地式的行为是怎样的。前方的道路需要不断地翻新，找到正确的标志，通过理性和直觉，或者对理想的洞察力，来找到前进的道路。"应该"（与理性）和"善"（与洞察力）似乎是道德生活的组成部分。

因此，一些理性和理想的结合似乎是一个人设想他或她自己为他人服务的方式的核心。但是服务理想意味着什么呢？当然，它必须与儿童的真实环境有关，尤其是在孩子变化的事实方面。事实上，如果一个教师问他为什么要不断改进实践，答案就有自然主义的味道。服务的对象是人，而人不断变化。教学往往变得常规化。我们用一套范畴来武装自己，在这些范畴中，情境和儿童可能会被分门别类。我们将情境定义为先前遇到的重复表现。在一些教室里，这可能是个人生存的必要条件，而且孩子们可能表现出一些刻板的行为。这不能将他们作为人的独特性这一事实掩盖起来。

因此，儿童在生活中确实有一套个人经验，他们或多或少都有不同类型的天赋。如果教师通过对孩子的刻板印象忽略了这种独特性，他们就忽视了个人作为教师的那些要求。在教师面前，学生总是不断地改变的个体。教师为提供有效的教育，必须不断地转换、改变、适应和调整既定的惯例。这是人类的状况。这种情况对专业人员的专业知识提出了严格的要求，这就是为什么那些"用曾经教他们的方式去教别人"的人不能以专业的态度对孩子做出反应。他们会失败，部分原因是他们假定人是静态的，他们不认为有必要把学生的目标视为自己的。伊丽莎白·贝克可能会大声喊出她的经历，并把她的失败归咎于奥尔德夫人的想法。这种对变革和适应过程的承诺，使教师具备了新策略和新技能。

服务理想是对那些自我发展和变化的人而言的（特别是儿童）。因此，在某种程度上，理想必须由儿童作为一个人将成为什么样子这一概念构成。回想一下，辛普森夫人不满足于简单地告诉孩子们不要接近油漆。她认为，理性和自主性的发展是在对他人（校长，画家，母亲）的思考框架中发展的，对年轻人来说，如果他们要成为道德人士，这也是必不可少的。她对这些年轻人有一种含蓄的或明确的理想。对于她在他们发展中的地位，她有一个概念。像辛普森夫人这样的教师为儿童的人类发展和道德发展做出了正式和非正式的贡献。

辛普森夫人的学生，作为教育受益者，将实现理性的自主性，成为自由人。在那里，"人"既是成就的概念，又是道德地位的概念。对于人格，不像身体的力量和青春期，它不会从内部出现。它也不只是从人类理解的基本范畴（因果关系，时间和空间的概念，以及自我意识）中出现。作为一个人，将经历从出生时的自我意识发展到一个人在童年和成年时期的道德认同的过程。我们从一个复杂的范围，即认知、概念、道德、情感、社会等方面来理解发展的意义，以及成为一个有道德的人意味着什么。这样一个人的概念支撑着所有的服务理想。其实现的问题不需要被详细说明——实践的改进是怎样的，它如何在制度上有效地构思，以及课堂和学校的制约因素如何影响它，这是另外更进一步的问题。但是对于服务理想和实践完善，一个专业的社区和它的成员必然做出承诺。

就目前为止，这一切都很好，而且还没有足够的深入地进行讨论。这在道德的性别问题上，是非常正式的，但不够敏感。女权主义以各种形式似乎在为看起来像是自然主义的道德而争论。女性有不同的优先权利。她们非常重视关爱或关系的方式，这些方式对男人来说似乎是陌生的（Belenky 等，1986；Gilligan，1979）。当然，女性会这样做，但她们认为道德的这些特征，正如她们所认为的那样，是追随的理想。正是怀着这样的想法，她们才会这样培养他们的孩子（参考 Hare，1962 的评论：通过考虑我们如何培养孩子这件事，道德的黑暗之地会受到启发而变得开明）。我们也必须小心不要屈服于道德上的性别决定论，例如，因为我是一个男人，我必须关心正义，而不是关系。

因此，关爱不是简单的功利主义目的论（最大的幸福）的替代，也不是理性或正义的替代。相反，我们正在倾听女人的声音，表达一种道德理想，提供不同于诸如爱（基督之爱）或正义等理想的有关关爱的画面。关爱或关联是不断追求和实现的理想。的确，关爱本身就是为他人服务的活动。但是，正如一个人只能通过像基督那样生活来理解跟随基督是什么一样，我们也只能通过在它的框架内行动来理解关怀的理想是什么。从这个角度看，女权主义在哲学上，对于客观主义道德来说是一个理想主义的挑战。女性爱丽丝·默多克作为理想主义活生生的主要倡导者，这绝非偶然。

（二）理想的三个特征

因此，如果我们要成为道德实践主体，我们必须在生活中有一些理想，而且我们必须了解它们的功能。无论是理想主义的形而上学，还是直观的客观主义道德原则本身，都不能提供一个清晰、可理解的道德生活观。如果理想被看作是我们作为个体所追求的某种良好状态的定义，那么以理想为指导（不管是否系统阐述）对于我们个人生活中的道德一致性是重要的。但理想也有三个有趣的特征：（1）它们有不同的定义；（2）它们是不可实现的；（3）它们可以引导和支持我们。

《效忠誓词》说的是"一个国家,在上帝面前,不可分割,为所有人的自由和公正而努力",这是一个理想的完美陈述,它显然有很多解释。一个人对自由和正义的观念可能与另一个人不同。人类的创造力,也可以作为一种追求自身生活的理想,可以从科学理性的发展、文学和音乐等方面来进行多种形式的艺术创作,也可以有白人统治的理想(Malan,1990)。所以,理想是邪恶的,比如种族纯化,或者是我们脖子上没有绶带。我们理想的话语是对生命根本目的不断有争议的定义,因此它们可能会有不同的解释。

此外,我们在生活中并没有达到或实现理想,尽管它们引导我们朝着某个方向前进。作为一种个人理想,自我实现可能是连贯的,但我不可能在某天早上醒来说今天我会完成自我实现。这个目标是遥不可及的,在这个意义上,这是一个理想,而不是一个目标。在马丁·路德·金遇刺前的布道中,平等的"应许之地"被描绘成一个梦想。我们并不奢望能看到每一个孩子都拥有完美教育的那一天,但我们以此为理想并为之奋斗不止。

事实上,理想支撑着我们。以一种传统的理想为例,它就是一夫一妻制的婚姻,一种已越来越普遍,不新颖的观念。我想大多数在西方基督教传统中结婚的人都认为他们对别人的承诺是非常重要的。他们认为婚姻在某种程度上是与另一个人生活在一起,抚养孩子等等的理想状态。婚姻的理想是很重要的,就像电影《灵欲春宵》(Who's Afraid of Virginia Wolf?)那样。特定关系的失败并不意味着一个人失去了对理想的承诺。事实上,这可能是对理想的承诺,也可能是维系个人的特殊关系,支撑个体去思考。在许多其他情况下,理想可以(正确或错误地)维持一个人。美国南北战争、第一次世界大战,以及历代许多其他战争的死难者都见证了人们生活中理想的力量。

(三)角色,理想和职业

我们定义一个角色,而不是一个功能,通过把它描述为一组权利和义务,即一个人在角色中的规范期望(参见第三章)。然而,在角色、理想和个人之间有一个有趣的联系。例如,一个家庭中的一个人是一个兄弟(作为一类人),是约翰(山姆·多伊的兄弟),成为兄弟关系(或兄弟会)的一部分。我们自然而然地结识了兄弟,从这个自然的状态,我们或多或少地学会了在不同的社会环境中扮演所需要的角色，并把长期播出的同名电视剧中的沃尔顿兄弟与"马里奥·普佐的教父"中的考利昂兄弟进行比较。从我和兄弟之间的这些自然事实中，我们逐渐理解作为兄弟的权利和义务，并从某种程度上，理解什么是理想状态的兄弟情谊。

重要启示如下。当我们学习如何扮演这个角色时，我们也可以加入、发展、扩展这个角色，当然也给它加入我们自己的诠释。这样，我们不仅发挥了作用，而且在理想的概念中扩展了可能性。我们学会了怎样成为兄弟，并用我们自己独特的方式来理解兄弟情谊。这种自然的角色无疑会影响我们生活中的行为。作为兄长，汤姆·斯蒂文森常常向他小妹这样说，"作为大哥应该如此"。虽然有许多其他角色会影响他成为一名教师，但是兄妹情谊将帮助确定他或他妹妹的职业选择。在自我和角色的概念之间没有逻辑或时间上的先后顺序，因为在我们发展成熟的过程中，人类是通过工作或扮演广泛的角色来发展自我，当然也是通过成为我们自己来发展自我。从这些不同的经历中，我们可以发展出某种理想。当我们扮演角色时，我们经常扩展自己对理想状态的理解。

正是从这种相互作用中产生了一种职业的概念。个人会对自己的工作产生不同的看法，给教师的工作带来自己的承诺、热情和激情。这些都是由他们的角色所塑造的。在皮亚杰学派的话语中，教师"适应"自己的角色，以及他们自己对这个职业的看法，也许是职业或社群。潜在的职业候选人通常被问及他们为什么要教书，这有时被认为是一个要求做出职业承诺的问题。从这个意义上说，职业有一种形而上学的味道——一个人在某种程度上被称为"职业"。我认为，职业的概念，更简单地理解为个人的气质、构成、性格、兴趣、能力和欲望等方面所表现出的东西与任务要求之间存在适应性和互补性（Emmett，1958）。例如，如果汤姆·斯蒂文森很没有耐心，很容易发脾气，他显然不会有适合教学的气质。职业必须被发现。一个人必须弄清楚他或她的气质和天生的能力是否符合工作的要求。当然，有时候，不管那个人怎么想，他或她在教室里可能是灾难性的。人们错误地判断他们的适应性，不管他们有多么积极；这些人必须被劝告停止训练，或者被建议去其他地方工作。从这个意义上说，职业不仅仅如在《简·爱》中圣·约翰·里弗斯所做的那样出现。

我们中的许多人都带着社会理想来教学，决心为社会做出贡献，或者纠正一些社会错误，或者因为我们对某个年龄段的孩子有一种亲和力，喜欢他们的陪伴和他们的特点、怪癖或风格。也许我们觉得我们可以像，诺丁斯（Noddings，1984：61）所说的那样，是那种可能"对孩子疯狂"的人，然而，对我们客观上擅长的事以及有耐心的事情作出承诺，这样的承诺是同样有价值的，以确保职业和自身之间是合适且正确的。当我们工作时，理想逐渐清晰，并得以发展。

女性主义理论告诉我们，男性和女性的职业观念不同，也就是对服务理想有不同的解释。事实上，如果我们隐喻地看待"职业"这个词，那就是呼唤不同的声音。我们的问题是在做父母替代人时，要倾听真正的父亲和母亲的想法和心声。我们应该从男人和女人身上寻求不同的属性，但我们应该设法确保他们在孩子的生活中保持平衡。这就是为什么在这个行业中，性别平衡问题同时伴随着许多学校的男性特征问题，这对专业人士来说是一个挑战。

但对角色、理想和职业的不同观点来自许多地方，包括教养、性别，以及我们对实践中所涉及的内容的理解。事实上，我们的性情和倾向根植于这个行业的传统。它有一段个人寻求扩展和发展的实践历史。多年来，个人一直在寻求解释和展示实践所承诺的服务理想。麦金太尔（MacIntyre，1984：193）写道：

> 一种实践的独特之处主要是通过这些扩展的人类力量和为其具有的内在的善而转变和丰富相关的善和目的的方式。这种内在的善定义着每种独特的实践或实践类型。每种实践都要求运用技术性的能力，这些技术性的能力服务于相关的善和目的。

正如麦金太尔所描述的那样，这些内在的善是根植于人类实践的理想。因此我们可以只根据传统教学的良性实践为理想基础，对不同教师所表达的内在满足需求做出判断。教学的社会实践是由描述内在于实践终极方向的善的服务理想,以及实践中的行为和行动的美德(诚实、勇气、关爱、平等和实践智慧)所定义。这些并不是描述同一件事情的不同方式:在道德语言和我们的生活中,理想和美德有完全不同的功能。

二、需要一种专业的理想

人们作为专业人士工作,了解他们的职业是为了理解他们共同理想的部分内容。我将教学理念作为对发展中人士服务的承诺。由于这些人是不断变化的,必须有一个承诺来改变和改进实践。服务理想将有不同的组成部分,这些部分构成了关于行业最终目标的道德讨论的基石,并由此得出主要结论。

第一,我们可以在学习我们的角色时学习专业理想,并且将个人观点带给他们。我们需要培养初学者,包括教育的专业理想——在这方面,教师可以贡献他们自己的意见;我们可以看到他们的自我反思,这对我们有效履行职责是必要的;我们了解男性和女性在专业理想的论述中所做出的不同贡献。现在,教学专业并没有引入社会化的一套理想,甚至不是一种服务理想,也没包含选择机制纳入的那些没有作出承诺的人,而且也不存在理想教师的角色意识。

第二,个人和专业理想之间可能会失去和谐,理想可能不会反映在教师有义务遵循的制度安排中。对于个人或专业而言,这种也许能容忍,也许不能容忍。一个教师拥有专业理想,不是说这是人们唯一可以拥有的理想。个人在生活中还有许多其他理想,可以有超出他们认同的家庭、政治、社会生活等方面的理想。有时,对理想的这种承诺,特别是在追求这些理想的时间与教学相冲突,因此必须作出苛刻的选择。教学中的服务理想不会取代所有其他个人理想。服务需求的理想是对它做出承诺。因为它掌控企业的概念和执行。一些理想(如法西斯主义)使得教师不可能保持必要的专业理想。

第三,任何专业人士无疑会发现他或她被告知做什么与他或她的专业理想之间存在冲突。例如,一个国家要求课程应该教什么或如何教可能与教师如何教育的观念背道而驰,或者父母要求对待小孩的方式对教师来说显然是不合适的，甚至是不道德的，或者中学的一个部门可能会对《罗密欧与朱丽叶》的教学有一种态度取向，完全与新手教师的看法相冲突。对于许多受官僚主义打击的教师来说，回应可能是保持安静，因为只有如此在月底才有薪水。

但是，教师将会对理想给予不同的解释，像科学家或者艺术家个人受到创造力的驱使那样。理想不是雕刻在石头上的。这些差异将受到教师认识论观点的影响（参见第五章）。保持理想并不是表现出温暖和模糊的感觉，但我们需要将其作为深入的教育辩论的一部分加以重视，这些辩论涉及我们在具体问题上进行争论时的根本目的。对一些理想的重大分歧不应掩盖在专业社区的协议领域。在我们广泛的专业理想内，可以保持不断对话，其内容可以包括我们努力的各个方面。

所以教师可能有一个广泛的服务人们学习的管理理想，但理想对他们的重要程度在个体教师之间的解释上会有所不同，而且个人可能或多或少地致力于这一点。一方面是像杰西卡·塞格尔这样的圣人和英雄，他们在恶劣的环境中教导孩子们，在艰苦的环境中奋斗。对于这些人来说，个体福利比较不重要。正如我们所说，他们正在超越职责范围地工作（Urmson, 1969），超越了他们本应该做的事情。另一方面，教师迎合富裕父母的突发奇想，只是高效并且充分地做需要做的事情，他们的"理想"被有利可图的合同的诱惑所渗透。理想的功能是把这些观点纳入关于教育的道德交流，缺乏这种观念破坏了专业精神的核心。因此，理想的功能在我们的专业中是至关重要的，但是，正如本章的第二个主要部分所示，这可以是一个广泛开展的对话。

三、父母代理人是专业教师的理想角色

理想情况下，教师应该扮演怎样的角色？这是一个道德问题。如果我们清楚这一点，那么它将会极大地影响我们所做的一切，尤其是我们对生涯发展的概念，以及我们如何组织我们的生活（参见第二章）。

我已经论述过，正当程序已经湮没了教师作为父母代理人的角色的概念。这部分重新开启讨论，但问题来自完全不同的方向，这些问题主要是道德的，

无论是在品格—教师—学生关系，家长选择学校，还是教师的正直方面。我正在试图描述一个道德的教师理想角色，而不是官方的或技术的角色。这样的理想将会在我所描述的专业对话中发挥作用。无论教师如何看待自己的角色，都必须涉及学生、家长和自己之间的关系。即使这些领域中的具体论点都拒绝支持代理家长的理想角色，他们也提供了一个例子来说明各种问题如何与专业理想的阐述有关。我将从教师与学生的关系开始。

（一）教师与学生的私人关系

我们可以重申，教师的个性和品格是专业教学的一个重要因素，这不只是因为儿童是被强制上学（Kleinig，1981；Krimmermann，1978），学校本身就是建立师生关系的阻碍因素。如果从德行角度来解释专长，那么就是教师的个性融入了角色的各个方面。辛普森夫人不只是知识与个性的结合体。她就是她自己，一位教育孩子学会关爱的人（Kohn，1991）。教师的课堂教学风格与自我的个性之间，可能相同，也可能相异。例如，汤姆给自己的教学带来温暖、友善和安全。他形成了他自己的教学风格，就像一个演员形成了自己的风格，除了在课堂上的人际关系是真实的，不假装的，而一个演员可以扮演完全不同的虚构人物。教师的一部分个性是由他们所教导的那个年龄段的孩子所塑造的。我们可以谈论课堂教学风格，将其作为课堂生活的重要组成部分，正如我们可以谈论法庭的存在或床侧的方式（医患关系中，医生对待病人的态度）（P. W Jackson，1968）。通过这一切，我们讨论了各种各样的专业知识。因此，教师角色中的个性对于我们理解角色本身一样重要。

教师个体与学生个体交往时会发生什么呢？在他们彼此接触的时候，对于专业教师来说，会有三个交织的议题：

（1）个体行为的有意和无意示范的融合。

（2）专业关系的私人化可以达到何种程度。

（3）儿童作为学生，在多大程度上有机会关心他们与教师之间的关系，并且通过这种方式，专业人员可以从孩子身上学到多少。

1. 示范和意图

教师扮演着有目的的实践者的角色，经营一间教室或办公室，分级测试，帮助儿童等等。但无论老师是否喜欢这个想法，他或她也是一个榜样，这可能部分是有意而为的，但其中大部分是无意而为的。辛普森夫人可以有意地塑造良好的行为，但她无意中做了很多事情，也就是说，她已经形成了课堂行为的习惯，这些习惯是她课堂角色的一部分。她示范良好行为，希望不用直接教学，孩子们就能从她那里习得良好行为（P. W. Jackson, 1968）。

如果教学是直接和有意的，教师可以很容易地发现其效果，不仅仅是结果，而是他或她的个性和个体与孩子的相互作用。"我似乎无法让约翰明白"更多的是人际交往的问题，而不是教学的方法或内容的问题。在我看来，最重要的是个体儿童如何看待故意的和有意的。对约翰或者莎莉来说，教师只是教师吗？他或她是一个知己还是某种朋友？或者是老师示范不耐烦，控制不善，缺乏热情，效率低下，吝啬和大量的个人言谈举止？一些师生关系之间，是什么使他们遭遇失败或者取得成功，它真的有如此强大的影响力？我们需要意识到无意识示范效应的宝贵价值，但这只有在质量较好的有意识示范的情况下才会出现（Ryle, 1973）。

2. 私人化关系

据说，儿童对成年人的看法将通过对整个世界的了解来衡量。在这种观点下，在道德发展的自我中心阶段，孩子们会认为教师有助于满足自己的需求；在现实的阶段，教师将被视为规则追随者；只有在自治阶段，才会被视为人。也许，这并不是事情的全部。五岁的儿童对父母（或者实际上对教师）的爱和关心并不根植于工具主义。如果学校不是充满爱和关怀的地方，那么孩子们看到教师，就像他们看到警察、店员或其他与他们接触的成年人一样。

有时候让我们感到非常困惑的是，小学中温暖、温柔、关怀的好关系似乎对中等教育机构或大学来说是完全陌生的。为什么困惑呢？在中学或大学里，教师的部分指定任务是发布成绩，这决定了他们未来生活的机会（C. M. Clark & Peterson, 1986）。教师这个角色，尽管对成功的学生而言，不可避免地是一个威胁，他可能是一个敌人。然而，不管一位教师对一位学生多么殷勤，多么友好，这个不变的制度性事实仍然对教师和学生的个人理解和关系造成损害。如果我们真的关心在教室或研讨会中与学生建立强大的专业化的人际关系，我们该怎么办？

我们必须从规则管理的角度转移到关心管理的环境，当然在此这些规则依然有其地位。通过孩子的工作，教师应该知道他或她对这个孩子的影响。一个孩子写作或提交的一切都是对教师工作的一个隐含的评估。此外，每一件作品都值得关心、注意（参见杰西卡·塞格尔），并值得进行建设性和详细的评价，而不是批判性评价。教师可以鼓励孩子分享彼此的学习资源，成为学习中的合作者，享受学习。他们可以带着爱和热情在教师的陪伴中分享共同的追求。

3. 关心教师

有价值的师生关系的中心是伙伴关系。贝特森提出，人们在生活中寻找对称关系，而不是非对称关系。我们假设年龄层次是正确且合理的。我们没有把孩子看成教师，而只是学习者；我们没有问自己可以从他们那里学到什么，而只是我们能教他们什么。她写道："如果父母更加意识到自己是从孩子那里学习，恢复活力，最终也许依赖于他们，那么孩子们可能会更好。"（Bateson，1989：107）。我们需要与学生建立强大的伙伴关系，与他们的父母也同样要建立这样的关系，也许是更强大的伙伴关系。我们能否不要一味地找方法让学生成为评价者，批评我们的教学，正如我们批评他们的学习一样？我们如何和他们分享我们的激情和热情？作为成年人和教师，如果我们缺乏专业知识和成熟道德，以及对自己的信心，我们该怎么办？

问题的一部分是学生们不理解教师。作为公民的史密斯校长有权在学校以外推动社会事业。她恰好是一个女权主义者，为权力结构的变革而努力，她们学校的孩子们都很清楚，但是高调参与任何政治问题，都可能被认为不适合教师，更别说是校长这种会"影响"学校立场的工作，例如当女权主义者的一些观点开始引起学生的注意时，这可能被定性。例如，系统在多大程度上有效地影响了她作为公民的权利？教师的政治行为有哪些局限性？这也是师生关系的一大难题。如果要参与民主政治生活，什么样的原因让她不愿意让学生参与为儿童设定的政治问题呢？如果学生看不到专业角色中的个人特征，那么要怎样建立合适的伙伴关系？

关于什么是可以和不能与儿童分享的这种选择，会有破坏建立在尊重和信任的伙伴关系上的可能性。如果教师不能或不敢分享学生私生活的方方面面，伙伴关系将会非常正式化和浅薄。如果像辛普森夫人这样的教师或像史密斯这样的校长无法分享公众关心的个人利益，那么情况也是如此。如果一个学校课程是挑战一个孩子对世界的看法，那么这一定会引发一个孩子对这个世界进行探索的想法（无论是包含其中的课程或学科框架）。如果教师要成为可信的人，那么他的言行举止必须发自于心）。为了教与学的相互目的，通过外部命令切断话语领域，或通过卫生教科书制定无障碍课程，以阻碍教师、儿童和学科在关怀的情境中强烈互动的发展，这是非常武断的。如果我们不关心孩子，孩子也不关心我们，那么我们不能教会孩子关爱。现在，我们几乎完全以正当诉讼为由结束了这场辩论。

（二）以儿童为中介的家长—教师关系困境：辛普森夫人和路易斯

我们可以开始在一个父母代理人的假想例子中探索问题。假设辛普森夫人是一个普通的宗教人士，那种不定期去教堂的人。她对宗教略微怀疑的态度与我们在她的道德信仰和她作为道德教育者的生活中所看到的素质无关。路易斯曾经是她班上一年级的学生，现在在六年级。她喜欢辛普森夫人，经常出现在她的教室，和她聊天。路易斯的父母在她3岁时加入了一个原教旨主义教会。随着她在学校的发展，她已经开始和辛普森夫人谈谈"去教堂"的事了。即使她关注到路易斯明显处于痛苦之中，但辛普森夫人试图在不伤害孩子的情况下避免与她谈论这个话题。路易斯现在向她吐露，她已经"完全糊涂了"——她不相信她父母相信的那些"东西"。

辛普森夫人能做什么？她应该帮助路易斯解决她的宗教信仰危机吗？她应该告诉孩子的父母，他们的女儿不再是信徒吗？在公共机构中，教师对谁负有道德责任？我认为我们现在的制度会有一个明确的答案：辛普森夫人没有问题；孩子在学校以外做什么或相信什么都与教师无关。这是一种政治答案，而不是专业的道德解决方案。

这个问题在父母与子女的关系中处于极端状态，但尝试坚持到底是有启发意义的。结果可能是，从专业角度来讲，辛普森夫人无法采取任何行动。

然而，如果路易斯的困境被认为是辛普森夫人的事情，一般来说，那么我们是否要规定教师不能与学生建立关系，因为在这一关系中，路易斯向她以前的老师表示了亲密的信任。辛普森夫人是路易斯生命中重要的成年人，路易斯会向她寻求关心、支持和明智的建议，当辛普森夫人拒绝了她并说："我们不应该再谈论这件事情"时，这对路易斯会造成怎样的影响？这个问题可以通过多种方式提出，每种方式都有不同的侧重点，每个都有不同的答案。

（1）在民主社会中，路易斯是否有权利得到帮助，来查看供选择的事物，以便她可以决定她想做什么？

（2）父母是否可以剥夺儿童的自由（像受到第一修正案保护的那些），这是社会其他成员的权利吗？

（3）对于孩子与父母的信仰相违背这件事，一个学校或其教师有何种权利教育孩子？

提出问题的不同方式会改变我们期望的答案，而在民主社会中，所有争论都是可议的，尽管不是全部争论都是同等的。如果没有处理所有这些问题，某些事情对于一名专业教师来说似乎是首要的。

首先，教师的首要职责对象是孩子，同时认识到孩子是一个家庭的成员。孩子们在民主环境中长大。在民主社会中的公共教育，必须以人的发展和意愿选择为核心（参见第四章）。每当一位教师错过以专注的专业知识来检查替代信仰或生活方式的机会时，制定民主未来的基本民主原则的机会就没有得到实现。关于所涉问题的三重描述只有在民主框架内才有意义。因此，一般来说，路易斯应该得到她的教师的帮助，看看其他的生活方式，包括她正在成长的宗教信仰。

其次，不应允许父母剥夺儿童基本的宪法自由，例如思想自由和言论自由。社会给予父母对子女的权利不是全部，正如人们不可以用自己土地做任何他想要的事情。因为我们从虐待儿童的统计数据和自传中了解，父母权威并不总是良性的（Freeman，1983）。支持家庭制度并不意味着支持每个与未成年人有生理联系的恰巧居住在同一个家庭中的群体的奇怪愿望。事实上，我们在教育讨论中所表达的"家庭"的概念，与一般社会未能实施但能适当支持的措施形成对照。

其三，社会中的公立（或私立）学校已经教孩子们相信那些父母不信的事情。我们希望一个连环杀手的孩子被教导学会尊重别人，而不是伤害他们的同学。我们开发了一个叫做道德教育伙伴关系的大中小学合作项目。在这个项目的实施过程中，一位家长攻击了小学校长，其理由是，学校在神学体系之外教孩子诚实的德行。但是，校长却不认为这是责罚教师的理由。还有更为耸人听闻的例子，比如在关于创世纪的辩论中，父母可能与学校直接发生冲突。广泛而没有争议的是孩子学习父母不知道的知识，因为这些知识在某种意义上是"新的"，或是因为父母受教育程度不高所致。然而，宗教信仰往往与家庭本身的观点相联系，辛普森夫人和路易斯之间的困难就在这个有争议的领域。

对这个困境的答案之一可能就是原教旨主义者或其他少数民族应该建立自己的学校。路易斯的父母可能会选择把她送到他们选择的私立学校，这是他们的特权。但是，选择并不意味着获得一个想要的东西就得妥协。社会必须规定什么样的学校合法化，什么样的学校可以得到公共资助，什么样的学校在这个框架内合适，以及什么样的教师认证或许可证是可取的。当然，孩子可以在家里接受教育，但即使在这里，国家干预了对受过教育的孩子的考验。所以一个民主的社会，无论如何开放，不能容忍查尔斯·曼森（Charles Manson）式的开放学校。民主社会必须划定父母或家庭的权利边界。一旦人们发现必须要划定边界，那么问题就会在那里产生。

迄今为止，在回应辛普森夫人迄今为止的问题时，我认为专业人员的首要职责是针对孩子的，父母不应侵犯儿童的宪法自由。但是，对辛普森夫人困境的回应，似乎并不像建立良好的家长与老师关系那样。但也许是这样。这个行业必须宣布，并直言不讳地说明它相信的标准和必须追求的教育框架。智力自由的发展是为了让路易斯行使自己的宗教选择，对于专业教师来说，是不可含糊的。与父母合作并不意味着屈服于他们的想法，而是有信心和用专业知识来参与他们关于孩子未来的各个方面的争论（Lightfoot，1978）。如果家长糟糕地抚育孩子，那么教师应该发声，以防没有其他人这样去做。

第七章 专业理想和专业角色

幸好，这种困境不是经常发生。讨论这个问题的意义是，个别教师和学校应该准备更加坚定地表达他们的立场，特别是在道德教育和基本社会原则教育方面，如诚实，尊重他人，考虑别人利益，以及变得善良和有同情心。辛普森夫人应该利用她的专长，在路易斯有困难时支持她。当然，民众可能会说他们不想在他们学校接受教育，这是所谓的"监护学校"。如果是这样，如果课程是由国家授权的，那么除了有专业教师的大学以外，将没有任何专业教师角色的地方。

我们原则上可以讨论的，实际上可能不是这样。恐怕我们大多数人会建议辛普森夫人遵循政治路线——让亲爱的小路易斯喋喋不休，不做任何支持她的事，也不要对她的父母愤怒。在政治上，这可能是明智之举，这就是它们结构所在。毫无疑问，这非常遗憾。可怜的路易斯！可说辛普森夫人什么都不做是职业疏忽是不是太苛刻了？

这种情况取决于问题的自由程度，但也取决于我们认为的教师的理想作用。为了使这个理想可视化，这些问题在辛普森夫人—路易斯案中突显出来。首先，孩子是中心的——有时甚至有争议地高于父母的权利。第二，这并不意味着对儿童和他们的需要采取宽容的立场。第三，它不要求教师的行为像真正的父母那样，而是在一种理想类型的父母的框架内行动，因为代理父母并不意味着取代真正的父母，而是扮演着理想父母的角色。虽然这些问题可能引起很大的争议，但如果我们要解决教师的理想角色，我们就不能单方面站在一边讨论争议。正当程序似乎在我们的对话中排除了这样的问题。

（三）家长，教师和学校

然而，在这样的一些日子里，家长指的是什么呢？（Boyer, 1991; Clark, 1983; National Commission on Children, 1991）过去的几百年见证了父母和家庭对于孩子的权力与权威不断流逝（Coleman & Husen, 1985）。视觉媒体不仅是社会文化的重要反应（Kubey & Csikszentimihalyi, 1990），也对社会文化有塑型作用。在《天才小麻烦》(*Leave it to Beaver*)与《罗西尼》(*Roseanne*)中家庭关系的相对差异说明了这些变化的独特性。家长对于学校的权威并未丧失（Timpane, 1975）。伴随着孩子利益的获得，这种权威被浪费了，而监管与支持的真空地带则发展起来。从法律意义上讲，孩子受到了更多保护以避免父母对他们的伤害。在社会上，儿童已经主张权利，青少年文化的发展已经连续几代地加速了这一进程。（Freeman, 1983; Schrag, 1978）。当孩子到了九年级以上后，从法律上讲，父母对于孩子的权威就已经不复存在了。40%的孩子并不由他们的亲生父母抚养长大，常常脱离权利和稳定的真空地带（Hodgkinson, 1990）。因此，"家长"这一词，已经成为了生理关系的一种变形角色的形容。

这些社会变化和政治挑战所制造的禁止角色的影响是很难评估的。暂不论其优缺点，社会凝聚力已经被家庭单元所影响。现在，学校似乎被留在了道德的真空地带里。在学校里，传统的家庭生活可能很难被推崇为一种美德，因为人们担心，如果孩子们没有受到社会或社会（如果不是政治）价值不确定性的影响，他们会感到不安。从政治上来说，与同样重要的家庭问题（例如贫穷与无家可归）中无动于衷的态度相比较，一些问题（堕胎）的不稳定性使得几乎不可能在政治论坛上解决那些许多人认为是二十世纪的主要悲剧之一的问题——家庭崩溃和童年消失。(Postman, 1984)。

与家长的关系潜在地成为公共教育中教师角色最复杂的职责。父母在法律上被迫让孩子受成年人的影响，他们现在可能会，也可能不会将自己的孩子暴露于标准化的评价、个体化的比较以及同样不知情的其他孩子的影响下。家长自己曾经是学生，从而能接近学校和教师，混杂着顺从、敌意、尊敬以及不确定的情绪。在家长的学生经历中，他们在与教师的争议中很少能找到来自管理者的公开的支持。再者，将一个功能特定、按秩序管理的学校与一个功能分散的、溺爱的、任性的、让人又爱又恨的家庭进行比较，我们可以发现家庭的风格很少能与一个学校匹配。

教师常常怀揣强烈的疑心对待家长。他们是否支持学校的价值？他们是否有成见或者只是碍事？为什么他们坚持不承认自己的孩子"病了"，应该被隔离？为什么他们没有意识到有三十个孩子在班上？莱特福特（Lightfoot, 1978）认为，教师和妈妈在幼儿园教育中常常发生矛盾，也许是因为他们都各自有自己的立场。教师们希望他们正在做的事情得到支持，孩子的行为、成功与失败得到反馈，但是他们常常只在问题产生的时候才见家长。家长在教师家长联盟中被组织成一个能与学校沟通的团体。不幸的是，这种机构常常不是个性化的而是官僚主义的，从而导致很难有很多家长参与，即使这是大多数中产阶级的家长们熟悉的组织之一。

有太多的建议表明如何在州、地区、地方和学校层面改善这些关系，牵扯到从家长授权的项目到家访、成人教育和课堂志愿者的每一件事。大部分的官方组织推荐某种协商的、互相理解的教师—家长伙伴关系，作为专业上的必须要求，假如我们不会进一步削弱家长的责任。（例如，将处于危险中的孩子从家长身边带走）。如果伙伴关系的观念是可信的，那么，尽管教育实践者目前事务繁多，但建立专业伙伴关系却是必须的。这尤其是因为儿童从幼儿园到十二年级会更换学校。不同学校机构之间联系必须持久存在。如此，在小学阶段建立的关系就不至于在初中和高中阶段被破坏。这意味着，在金字塔式的教育体系中，学校之间、专业人员之间建立起亲密的工作关系，而不只是在他们之间简单地传递学生档案。对于家长而言，儿童升入上一级学校，会经历与学长一样的挫折。因此，这种的实践举措（即，学校之间、专业人员之间建立亲密的工作关系。——译注）必须在当地学校中实施。

让我们思考一下这个例子，即上文已提及的道德教育伙伴关系项目。我们在过去的 16 个月里与 7 所学校持续合作了这个项目（Wilavsky, 1992）。为了缓和像"道德"这样的词汇在公众论坛中所引发的紧张议题，我们由几所学校与两名学者组成的团队，寻求解决在小学到高中的金字塔式的教育体系中的品格或伦理教育问题。随着学校的每天趋于多元化，教师—家长的关系挑战变得更严峻。很多移民文化假定一种替代父母的角色，当然与特定文化的规范和价值观有关。特定高中的社会道德缺失的特性检验家庭的文化价值，更明确地说是学校的教师的处理文化多样化的能力。

然而，无论合作伙伴关系中的学校如何出色地面对偏见和社区等问题，每个学校都继续回到父母关系的问题上，以及如何在与学校的良好关系中支持家庭。每一个校园文化团队正在不同且富有创造力的方式上面临挑战，反抗社会对于教师的反讽形象。大部分情况下，教师对他们要与那些望子成龙、固守旧习、基于结束会面的移民家长建立联系感到深深的焦虑,这给推进家校联系设置了初始障碍。这一类教师在建立信任方面承担风险。教师们对实施过程担忧,但是他们也尝试着在面对压倒性需求中创造新的角色。就像杰西卡·塞格尔一样,他们还能做什么?

教师与家长之间因为专业关系所需要的品德在每一个专业道德中都占据非常重要的位置,例如关心、诚实,还有勇气这些品质。教师们需要在教育上和理想上明确,他们也必须面对与家长沟通的方式。这在公立学校的混乱情况下是几乎不可能实现的,特别是在第二阶段,因为组织结构和官僚管理体系使其非常艰难。埃斯卡兰特有一个学生,她的父亲坚持让她辍学到自己的餐馆工作。这位数学老师对这位父亲软硬兼施,鼓励这位学生为了自己的未来与自己敏感的父母斗争。基廷发觉自己在支持一个想要成为演员的男生。在儿子志向问题上父子二人分歧巨大,造成了悲剧。但基廷不愿背叛男生,去做他父母的传话筒。杰西卡·塞格尔确实扮演家长的角色,接送孩子去大学面试,并做了其他事情。

(四)家长择校

如果家长自主选择学校,这些父母—教师的问题能够被改善吗?家长选择学校是一个对机构性教育公共设施问题的概念性解决方法(Boyd & Walberg,1990;Chubb & Moe,1990)。它倾向于赋予家长权力。选择倡导者通常不太了解父母作为消费者的模式,因为父母在学校的动机和兴趣要微妙得多。它常常被认为是改变家校关系或者父母—教师关系的灵丹妙药。这些推崇选择的人们常常有市场分析,他们也谈及双方的激励措施。一些学者探讨学校从教育官员手中掌握主动权(Finn,1991),也有一部分学者探讨摧毁官僚体系——一个我们可能都有些许赞同的目标。

家长对学校的选择在态度、动机、需求以及认知上是不尽相同的。至少三种概念类型的家长是可见的:(1)消费者;(2)特权复制者;(3)精神激励者。

消费者型家长是最想要打破教育机构及其官僚机构,使消费者和市场力量掌权的家长类型。这类家长是第一代私立学校客户,积极地向上层阶级靠拢,四处消费以期能让他们的孩子留在他们已达到的阶级。只有一份细致的经验主义的调查能够非常清楚地区分这个群体内部。提供服务的合同是这种模式下父母与学校关系的特征。

特权复制型父母是将儿童送到私立学校继续家庭传统教育，通常是复制这些父母所处的中上阶层价值观，但至关重要的是让孩子与和他们同一阶层的孩子一起长大，经常是复制父母的教育（Johnson，1987；Tyack & Hansot，1982）。理解公约和信任是这种关系的特征，就像第三种类型一样。

精神激励型家长会送孩子们去教派学校或者特殊学校（例如军事学校、先进的改革学校），在此类学校中，对于学生教育是将学校与家庭的精神价值观视为与学生的学术表现同等重要，抑或更为重要。支持对孩子进行宗教或军事教育的家长也许实际上是坚定地给孩子提供职业化教育。这类家长在相对不太富裕的阶层里更为常见，如果有机会，他们会选择教派学校，接受不受私人（宗教）—公共（世俗）鸿沟限制的免费公共教育。

当然，现实中的家长并不会在这几个种类中泾渭分明。动机是非常复杂的且显然不局限于简单如"消费者"概念。跟风型家长也许并不因为他或她所支持的学校的质量是如此的杰出而成为活跃的消费者，而是因为对于她或他来说家庭的传统更为重要。他或她送孩子去 X 学校，就像他们一直去卡地亚珠宝店一样。另一些特权复制型家长可能决定四处消费（不像他们自己的父辈）因为"他们"的学校政策已经改变了，如共同教育，他们并不喜欢。精神激励型家长也可能成为特权复制者，但是这会成为教会、学校和家庭之间亲密关系的变形，甚至视家长为消费者。

通过观察家长选择学校的事实，这个关于教师—家长关系过于简单的分类举例说明了什么？

第一，对于任何学校来说，假设所有家长都会表现得如在商场里的消费者一样，这是一种误导，就好像家校关系为公共教育中的情况应该是什么样的提供了一个明显正确的合同模型。

第二，如果父母选择了孩子的学校，他们会在孩子的教育中扮演更积极主动的角色，这也是一种误导。对于精神激励型家长和特权复制型家长来说，二者并没有偶然的联系。确实，很多特权复制型家长（和一些消费者型家长）

把他们的孩子送去寄宿学校,他们不仅不用过多地参与孩子的教育,而且坚信孩子最终像他们一样能获取相同地价值体系和阶级态度,他们为此而高兴。特别是对精神激励型家长来说,将家长带入与学校亲密关系中的并不是选择的行为,而是教会—家庭关系的精神基础,在此情况下教师被理解为"父母代理人"。

第三,基于不同的原因,在这些家长类型中,家长—教师关系只有少量的潜在区别。私立学校往往拥有巨大的资源优势,所以孩子们可能在小班中获得更好的个性化待遇。或者即使他们没有特别的资源优势,他们也许是官僚性更少。无论哪种情况,一旦做出了学校的选择,大部分私立学校都希望专业教师可以给孩子更多的关心和责任感。教师们被放在一个"父母代理人"的角色中的事实反映了学校的特质而非选择。共享的传统,共同的宗教偏见,相似的社会阶级背景,对教育观念的认同或父母和教师之间的发展目标的认同,创造并且成为信任的基础(Hill,Foster,& Gendler,1989)。确实所有老师是有责任的,但是那并不意味着他们不得不被管理和控制(参见第六章)。他们不必受诉讼或规章条例的威胁和束缚,不像一个需要固定保姆的母亲雇佣自己的母亲,与自己的母亲签合同一样。我们可以重建信任的道德契约,以此替代程序公正的合同。

第四,家长选择的悖论在于,行之有效的情况是特定的家长而非特定的学校。在学校是十分成功又很受欢迎(无论什么原因)的情况下,家长为了珍贵的席位的竞争是一场消费者的竞争。家长选择变成了一场奇异的博彩。也许这甚至意味着要在路边过夜几天;正如经常在英格兰发生的一样,家长需要在孩子十三岁生日的那天晚上注册入学。对于特权学校或"精神"学校来说,学校会搜寻"正确"背景和"正确"价值观的家长,而这对于接收所有就读者的公立学校来说是不可能的。

1. 有关私立学校中家长角色的实例

如同粗浅的理论所示,家长的选择会明显地改变家校关系。芝加哥的弗朗西斯·W·帕克学校就是一个很好的例子,它是一所传统而久负盛名的私立学校。该校始建于19世纪末,一直以来吸引着延续传统、支持消费和赞赏精神教育的家长。帕克学校的家长必须努力地密切参与学校管理,他们赞同教育的广义概念,支持经验(例如所有孩子都要参与戏剧项目)。所有家长被告知,对学业成绩持合格的态度,不可能催生国家优秀学者或常春藤联盟校的年度人物。学校希望家长参与学校管理,在学校委员会工作,支持一线教师。富有的家长希望交纳超出学费的资金,让学校扩大招生的社会范围。因为学校选择学生,儿童入学变得竞争激烈。

这所学校里的教师与家长的关系,与公立教育中目前可能所存在的有很大不同。对于帕克学校的教师而言,亲密的关系使得他们在扮演父母代理人角色时变得自然而然,他们承认家长的财富和社会地位对这所学校持续取得成功起着非常重要的作用。虽然,对于某些儿童(和某些家长)而言却并非如此,这些家长也要求自己的孩子搬到其他地方,但是这些都不能免除教师的职责,儿童和家长是通过学校作为共同体的亲密关系而非考试成绩来衡量教师的能力。人们非常关注学校的使命。

对于家长来说,诉诸正当程序将是该学校社会中的一场地震,就像教师忽视帕克学校的儿童在校园外的不良行为一样。一个教师可以作为一个家长,在一系列明确或含蓄的理解中,根据传统、阶级态度、宗教、进步政治承诺等诸如此类的方式来界定问题。理论上,这在所有社区都是可能的,共同的文化假设的基础甚至可以通过根本的分歧来延续。帕克学校的教师是家长,但这并不意味着教师在法律上是父母代理人。作为专业教师,这是教师的特权和道德责任的定义——向孩子提供"聪明的父母"将会提供的东西。这是可能的,因为目标是明确和共享的,相信教师会在家长的支持下执行。所以如果帕克学校的教师看到孩子们在街上行为不端,却不会像"好父母一样行事",那么在帕克社区看来,教师本身就应该受到谴责。

2. 选择和专业教师的角色

像帕克这样的私立学校是否能像提倡的人所选择的主张那样,作为父母与公共教育关系的复制模式?并不直接如此。公共教育从来都不能以资源方式与私人教育竞争,因为它对公民负责。在指定学校义务入学的框架下,公共教育没有找到一种方法来斩断这一难题,并调和所有人的私人需求与公共需求。因为任何一所学校的父母都可以成为教育态度的彩虹,因此它也不能够提供不同于学术成就的东西,包括不同种类的神秘智力竞赛,如地位商品或教育福利(Hopis,1982)。近几年来,许多公立学校都无法与私立教育相媲美;私立教育能够提供非常重要的利益,以及学术实力(例如宗教气氛或荣誉传统)。

我们在对辛普森夫人和路易斯的讨论中指出,对孩子最重要、最核心的福利就是教师像父母一样的关心和关怀。再次强调,对"父母代理人"这个角色的描述,不是字面意思上的描述为一个教师的行为像实际的父母,而是描述为像父母一样的态度、动机和承诺。

这种关于父母选择的讨论是否增加了理想角色的概念?首先,考虑到学校的社会背景,教师(或父母)都不能也不应该成为所有角色的专家。我们可以通过埃斯卡兰特和塞格尔的生活来认识到这一点。第二,学校选择似乎给予父母一个更实质的信任基础,无论其类型如何,也许是因为隐含的道德合同是他们做出选择的一部分。教育制度如果没有体现相互信任,那就不够完善。第三,帕克学校的例子表明,这种信任关系可以通过加强家长参与来维持,这种关系为处于父母代理人地位的教师提供了支持。

(五)专业和道德上的正直(moral integrity)

假设汤姆是一名贵格会[①](Quaker)和平主义者。他意识到,在教学史上,他将会教那些可能是狂热的爱国者,或者对战争感兴趣者,或者暴力和战争故事的爱好者,偶尔也会有一个像他自己一样的和平主义者。他有一个持续性的问题,即他作为贵格会和平主义者的信念与教学承诺之间的问题,因为尽管他尽力使学生在所有事情上形成批判性思考,并将战争视为道德问题。而当他提出关于和平的话题时,他只能假装他不相信他所说的话。然而,他适合教学这个职业,他的个人理想与这个行业所需的一致。但是在这个工作环境中,他真实自我的部分信仰不断被压制。他(道德上)应该如何忍受工作环境?

---

① 贵格会,又名教友派、公谊会,属于基督教派,反对暴力和战争。——编者注

更普遍的问题是各种类型的教师如何保持自己的正直。在现在的公约中，我们可以快速处理这个问题，就像我们讨论辛普森夫人如何解决问题那样。如果汤姆作为贵格会教友选择教历史，那么他必须忍受社会限制和期望，或者去贵格会学校教书。然而，汤姆的问题在于，我们（作为公众和父母）剔除了他杰出的职业生涯中一些对他，关于他以及与学生有直接关系，和教育的总体任务有关的非常重要的东西。我们否认他的学生有机会与他公开讨论这些问题，我们强迫他进行掩饰。在教室中他不是他自己。

说一个人正直，通常传达出我们认为他或她是诚实的，有良好的道德品质。一种特殊的道德正直形式在教学中是非常重要的。这就是我们所说的一个人对于他或她所做和所相信的一切具有连贯性，整体性。教学的作用对男女有特殊的要求，他们必须面对在角色需求与他们的信仰之间各种不和谐和冲突。

正直是一个人与他或她的行为之间的关系（Winch, 1968）。一个人可能会以不同的生活形式依附于另一个人。就像他或她是特定传统的继承人一样。这不仅仅是贝拉（Bellah, 1985）和他的同事所定义的生活方式，而是充满道德和其他规范的生活方式。我们以和谐的生活方式来保持我们的正直。有时，也许是经常，这些传统之间存在冲突，或者我们对他们不忠，或者我们对自己不忠诚。我们让我们的承诺和理想悄悄溜走。我们失去了我们的利他主义。那么我们不得不面对这个问题——我是这样做的人吗？我们每个人都必须面对"我们是谁"这个问题。

在汤姆的案例中，冲突介于个人信仰和角色之间。这并不是一种冲突，它将对某种道德传统之外的人毫无意义。因此对于那些在生活或职业中看不到道德机构重大意义的教师来说，道德正直的问题是没有多大意义的，他们认为自己被法律和社会公约所束缚，无法履行父母代理人的角色。当一个人发现他或她自己在与他或她的个人信仰相冲突的教师角色中做一些重要事情时，正直的困境地位就会被提升。汤姆的案例源于他的宗教信仰——在教学中还有其他各种各样的例子。有些人无法忍受非宗教世界，他们可能会发现自己在课堂上不会受到促进世界非宗教观点的约束。还有一些宗教教师，例如穆斯林，他们的宗教信仰包括对性、性别和家庭的态度，这些观念在伊斯兰教的主要国家之外并不普遍；但是如果他们成为公立学校的教师，他们必须接受不体现宗教或文化信仰的世俗法规。在许多世俗环境中也出现了正直问题，例如教师的性取向和生活方式。它是否损害了一个同性恋者的正直？他或她可能被迫在异性恋占主导地位的学校环境中不体现自己的生活方式。我怀疑，这些戏剧性的案例涵盖了教师最常见的正直困境——他或她向自己的教育信仰和理想妥协的程度。

机构与个人一样，本身可能缺乏正直，特别是如果成员不投入自己的理想和价值观，不为他们的信仰奋斗。但是制度的正直并不像制度集中供暖。这是其内部行为者的理想与承诺之间的总和以及相互作用。如果某个机构中有缺陷的行为者或者其内部的个人用其自身利益的意义定义了机构的看法，那么该机构将缺乏正直。对这种正直最明显的考验是各机构对其成员的信任程度，其成员是否忠诚和效忠，是否忠实于对机构的理想和使命的承诺。为了确保那一理想实现，必须在制度结构中建立一致的理想辩论及政策影响的机会。特别是在大学里，如果要在激进和保守的观点之间进行调和，就需要不断协商和讨论机构性质，这对其认知完整性至关重要。

习惯务实而不是将自己的理想变为现实的人可能会对机构感到失望。这一点尤其适用于那些将自己视为权力掮客，而不是变革型道德领袖的教育管理者。这听起来很高尚，或是仅仅是道德层面，因为不追求理想通常有充分的理由——抵押贷款，孩子，配偶，甚至我要活下去的日子。此外，各个机构有时都有非常苛刻的政治现实。我们必须判断什么是最佳或理想的实现，以及什么是实际上可以实现的事实。生活在一个政治环境中，我们必须这样做。在易卜生的戏剧《野鸭》中，格里格斯是一位杰出的道德纯粹主义者，他摧毁了一个家庭，因为他过分地让人们面对真实的自己。这种道德狂热者可能会非常危险。

然而务实适应会成为一种简单的习惯。它不一定是保持自己的正直或提高个人和专业理想的方法。这也可能是有害的。这样的适应在莱茵霍尔德·尼布尔（Reinhold Neibuhr）的祷告中这样表达，"上帝赐予我宁静，让我接受那些我无法改变的事情，赐予我勇气去改变我能改变的事情，赐予我智慧去认识事物的不同之处",这其中的节奏比它的内容可能更受欢迎。在其所在的世俗化的宗教信仰的背景下,就像许多牌匾例证的那样,这个口令作为忠告已经获得了足够的声望,因为它是一个人关于什么是正直的陈述。

它看起来怎么样?首先,我们经常不知道什么是可以改变的,直到我们去尝试。我们永远分不清什么是可变的,什么是不可改变的。1990年,一小群人聚集在莱比锡广场上,抗议政府。在一个月内,一个已经建立了45年的政治体制崩溃了。其次,这些建议在社会上是保守的,与甘地、拿撒勒的耶稣或卡尔·马克思这样激进派的激情相反,对于这些激进的人来说,平静是一个问题,这个问题让善意的人可以允许伟大的错误继续下去。第三,它提供了一个理由,或者一个借口,什么都不做。接受我所不能改变的事物,这样的宿命论带来了一种奇怪的宁静。我现在不能阻止美国城市的儿童将枪支带入学校,互相残杀,但即使我自以为是,自满或自鸣得意,我也不会对此感到平静。我应该生气,做点事情,而不是简单地不接受任何改变。

祷告者也是个人主义者,甚至以自我为中心,因为它将个人视为私人的(与上帝的契约),而不受道德要求、原则、美德或理想的束缚。它是为了安慰,而不是挑战。以此作为生活指南,汤姆可以"平静地"接受,他没有任何权威或道德的权利让他的学生审视和平主义观点。辛普森夫人可以"平静地"接受路易斯继续为父母信仰而苦恼。这种祷告将潜在的深刻的道德冲突问题转化为可变性的判断问题。如果我们不能改变某事,那么我们可以接受它,相信我们在判断关于什么可变或不可变的问题上是明智的。归根结底,内布尔提出的世俗思想是道德正直的最低共同特征,因为我们行为的可能范围对我们没有道德要求。当然这也是政治绥靖政策的绝佳座右铭。

古德莱德(Goodlad,1990)在教育学院业务领导的背景下指出,在任何情况下,权力的实用主义的问题都是其累积效应。一个人来到一个新的工作场所,坚持自己的信仰或拥护某种观点,这会是一种令人气馁的前景。通常情况下,一个人以这样的方式贡献得越少,就越难实现。机构的分层管理,贫困服务项目,阻碍思考的工作负荷是妨碍教师个体的教育信仰的表达、发展、成熟的制度因素。

任何教师角色需要的是能够和愿意拥护信仰的人，因为教育价值观和对学习者和学习的尊重并不普遍。如果个人正直是不可能的——也就是说，如果一个教师不能调和个人与专业价值观——很难看出我们如何才能得到一个有意义的道德观念。父母代理人作为一个概念，定位广泛的责任，可以看作是教师的理想角色。

（六）父母代理人

在这本书中，教师的责任是不言而喻的。专业化被定义为在一个复杂的道德角色中表现出的品质。在这一章中，关于专业发展中理想的广泛功能，我集中论述了其中一个理想，即教师的理想角色是什么。我使用了三个问题——师生关系，父母和选择，以及个体的正直——来展示这些考虑如何广泛地影响我们关于理想的对话。

具体来说，我们只需要对这个角色作出规定，在这一角色中，（1）教师全心全意地为着完整的儿童利益而以道德的方式行动，而无须成为所有具体事务上的专家；（2）全面的角色是通过教师、儿童和家长之间的深度信任建立起来的；（3）教师在符合个人和专业价值观之间和履行角色上有着彻底的道德真诚，以丰满这一角色；（4）教师和机构为操练这一角色创建制度框架。教师角色的这些特征不能通过正当程序的框架来实现，这是对缺乏信任的含蓄承认。因此，父母代理人的角色不是字面意思，它描述了构成教师理想角色的态度、动机和承诺。

通过已经发现问题的三个领域来对教师理想角色的观点进行讨论，这可能不太使人信服。在阅读这篇文章时，教师们会抓住一些高度争议的问题，其他的问题则不那么重要。这恰恰是理想对话所体现的。它们是有持续争议的。它们可以在一个人的生活中作为指导或维持生活。当我们学习实践我们的角色时，它们可以被学习和辩论，并围绕教学社会实践的基础形成对话。我相信，理想讨论是一种重要的道德对话形式，在道德语言中有非常独特的地位。我们需要重新找回这种对话，尽管一开始，我们可能会觉得参与这样有争议的社会问题相当尴尬，但是很快我们就会习惯。

第八章 通过教师专业素养实现教育转型

我已提供了有关教师专业素养的开阔视野。这种专业素养将教师的专业角色、担任教职的男男女女,从教的道德要求,以及教育机构中的教学实践艺术密切联系起来。我关注实践质量,已为教师专业素养提供了概念框架与道德分析。在这个结束的章节里,我将提供一些方法,使得这种教师专业素养的观念能够适应学校教育转型。

我批判现如今我们教育机构中实践安排的不足,比如专业分裂,生涯概念缺失,教师教育模式过时,对卓越道德的关注缺少,采用工业化绩效模式的体制,以及对终极目的缺乏专业讨论。然而,我感到更加失望的是教育机构常用惯性的方法来解决大量的问题,即使在波士顿(Greer, 1990)和芝加哥(Hess, 1990),有着不同的反应和首创精神的教育机构也是如此。我认为,我们处于公立学校发展进程的末期。如果我们不彻底改变这种局面,公立教育将会消失(Finn, 1991; Kearns, 1988; National Commission on Excellence in Education, 1983)。

一、社会与教育变革

到目前为止,所有孩子入学就读业已实现(Graham, 1991)。在这个世纪,世界的经济、科学发明和发现的发展都离不开教育带来的独创精神。然而,美国的成功遗留了一堆问题,这些问题对公共教育、政治和社会秩序都构成了挑战。

（一）财富的减少

肯尼迪（P. Kennedy，1987）描述说，美国一直试图通过维持其卓越的军事力量来保护其经济力量和影响，然而与此同时，这种企图也在逐渐削弱其经济上的突出地位。美国当局将会维持这种卓越依赖的是国内社会中政治上被动的教育体系。像越南那样，当教育机构变得活跃，政治就将遭受严峻的考验。这种随着社会经济力量的减少而发生的改变是非常严酷的。曾经非常发达的工业和经济总是要被动地承担结构性的改革，比如精简裁员或在劳动力廉价的国家重新安置工厂。教育危机需要被强化，因为失业的穷人需要接受与工作相关的教育，以及那些中产阶级，他们现有的模式同样无法提供相关的就业（National Center on Education and the Economy，1990）。

（二）身份的危机

适应国际化力量的缺失通常意味着国家目的和身份的缺失。冷战的胜利使美国人感到骄傲，但是这同样让他们变得更加贫穷。国家身份危机使所有的帝国力量黯然失色，同时诱导政治可变。在面对国内经济环境恶化的情况下，"世界大国"的政治主张日益空洞，人民和政党在现实与怀旧之间分裂。在这种情况下，公民的责任教育是必要的，但它要求对政治和经济现实进行硬性评估，这对于教育制度在知识和政治上软化来说是非常困难的。接受政治和经济上可取的相互依赖也是很有必要的，这要求教育者给年轻美国人提供一种全球公民意识的挑战。

（三）国家和全球的变化

环太平洋国家经济实力的崛起和它们表面相对平稳的国家模式，与美国的经济地位以及多元文化和种族多样化的复杂性国家模式形成鲜明对比。许多工业社会也正在经历一个生活环境（Elkind，1984）、家庭、熟悉的城市内部问题（Kozol，1991）以及贫穷逐渐稳步上升（Hodgkinson，1991）的重大社会变革的时期，这些情况在美国尤其明显，即使在经济衰退时，美国仍继续吸收不同种族的移民人口。教育者面临的棘手问题来自多元文化和多语言使用。社会背景使得社会几乎看不见这样的多语言环境可以作为一个巨大的资源和机会，来训练美国人说第二语言，并使他们能够充分利用全球市场。

(四) 知识的溢价

世界先进经济体正在进入工业革命的进程。在这个革命中，人类知识和创造力才能取代人类劳动力，作为财富、制造业乃至服务所需要的主要商品。我们面临着所谓的知识驱动型社会的爆炸式增长。高科技产业正在快速取代传统大规模生产，低技术制造。如果要通过生产性就业为社会和谐做出贡献，民主社会中的每个人都需要越来越复杂和丰富的知识。

财富减少加剧了相关职业教育的问题。国家认同危机加强了对负责任公民的现实教育的需要。国家和全球的变化似乎使我们感到多元文化社会将成为未来贫穷问题的来源，而不是一个丰富的教育机会。知识的加速增长使我们的教育机构成为薄弱组织，难以向个人提供获得复杂丰富知识的机会。公共教育不可避免地陷入了每一个挑战，同时也成为了问题的一部分，而不是解决方案，主要是因为机构发展动力不足。这不是责怪教师、学校、学校董事会、监督人或父母，而是要认识到这是我们共同承担的国家责任。我们需要认识到未来的挑战，并适当地加以界定。虽然我们的学校和学院可能比以往做得更好（Bracey, 1991），但这仍然还是不够。

二、教育转型的挑战

为了迎接这些挑战，需要完全转变公共教育。我们需要彻底重塑我们的公共和个人态度、信念和承诺，这种变化必须扎根于教师的看法和做法。通过过去几个世纪的比较，我们可以发现中心问题。在 19 世纪，公立学校是负责社会化和监护目的的机构。在 20 世纪，知识爆炸，复杂多样的社会衰败现象——贫困，内城问题，家庭破裂——已经变得相当严重。在 21 世纪，面对当代全球经济和从上世纪遗留的问题，儿童所需的知识不能仅仅由学校提供。

因此，教育转型需要建立大众公立教育的新形态。新形态的建立需要通过学校和其他公立或私立机构形成新的合作伙伴关系。新的伙伴关系的建立要通过结构上的整合去寻找多维路径。教育转型需要赋予成人以新的角色，采用新思路解决问题，采纳新观念去解释学习成效，以及为儿童提供全新的教育体验（Institute for Educational Transformation，1992）。

教育转型是在学校与其他公立和私人机构之间建立结构上一体化的伙伴关系，以发展公立教育的过程。它要求将重点从机构转向个人，无论他们是成人教师（如本书中所建议的），儿童，大学生，还是许多其他类别的学习者。转变预示着新机构的发展，将取代学校的概念，其建筑物，习惯和图像。这个过程可能需要二十年或几十年，它不会在我们当前的社会机构中建立。

这是一个巨大的变革计划，我在这儿只阐述其中的一部分。在变革的时代，教师作为道德专业人员会发生什么？

（一）观念转型

道德普遍存在于我们关于教育的思想与实践之中，这标志着一种观念的转型，即道德语言将成为教学语言。一开始，这可能会使我们去技能化，我们常使用那些奇特的心理学术语，因为我们在教学中没有发展出道德词汇，这是因为我们还没有使用它。举个例子，伊丽莎白·贝克将会开始详细介绍课堂秩序的问题，依照孩子们如何彼此尊重，了解她自己对他们的思考，以及她与奥尔德夫人之间的关系，作为一种复杂的道德关系。如果我们认真思考道德话语在教学中的核心地位，那么我们就必须认识到道德话语作为一个变革性的任务的深刻性，而不是被心理话语所主导（如关于大脑是如何工作的），以此作为教学策略的基础。

一个人在道德上对他或她做过的事情负责。我们看到，道德融合于教学中，让我们承担自主和责任的角色。它将帮助我们更好地看待自己，把自己视为有着专业生活和生涯发展的个体，同时教育转型将对我们目前的框架，特别是在教师教育中产生重大影响。辛普森夫人认为自己是被赋权的或被解放的，而不是官僚机构的典当物。然而，不能让辛普森夫人在自己的教室里独自奋战。当前教育巨大复杂性意味着建立伙伴关系；协作共事和团队合作将成为公立教育中最为重要的工作。

最剧烈的观念转型也许会存在于教师的观念转变中。可能有必要重新定义承担合作伙伴角色的教师，也许可以借鉴定义"妻子"一词的方式，在概念上，妻子意味着是一种伙伴关系。随着教师概念的确立，教师孤立现象将被摒弃。因此，观念转型意味着转向道德话语作为教学的主要语言——正如本书中所讨论的——在教育中，教师的概念变成了一个与他人合作的自主和负责的主体。

（二）改革和反思性实践

教师的智力任务之一是理解系统性探究的形式——教师研究，因为这是持续改进实践的主要方式。教师的生涯发展不能仅限于官方主导的、针对教师个体的专业发展项目。因此，在与合作伙伴一起或在一个团队中时，每个教师都将作为一个反思性实践者，以便开发和增强复杂的反思能力。体现这一过程的活动，通常是合作关系，包括如下这些活动：

（1）在一个发达的专业知识的概念中不断改进我们的实践智慧的研究，如伊丽莎白·贝克。

（2）道德对话的技巧和见解的发展，如辛普森夫人教育她的孩子们，使他们趋于完美。

（3）对我们实践的道德品质进行交互性反思，例如，我们如何分配时间和注意力，如何鼓励孩子和让孩子学会放弃，如何处理诚实和欺骗的问题，如何谨慎地与别人一起工作。

（4）对专业理想的反思，例如，在伊丽莎白·贝克的工作和非系统性的汤姆·斯蒂文森的工作中，我们能明显看到严谨的、富有想象力和创造性的内容。

（5）建立、发展和检验合道德的创新教学法，例如，教练（Schön，1983）或中立的主席（Stenhouse，1970）的工作意味着什么。

（6）对作为学生的道德或伦理模范的行为和责任进行系统和持续的考评（Ryan，1987）。

（7）教师应积极响应"实践质量"评估，这将履行个人和团队的职责，同时体现教师的专长。

伊丽莎白·贝克在反思性实践过程中，以及对自己的课堂进行系统考察的过程中获得训练。汤姆和辛普森夫人是富有理智、深思熟虑的教师，但是他们没有采用伊丽莎白的那种严谨的自我研究方式（self-inquiry）。反思性实践（reflective practice）是实施教育转型的一种范式。它能生成实践知识，且能发现优势与不足，因而它是教育改进的关键。它需要道德上的责任意识和理智上的严谨态度。它在机构中创造了一种学习的文化。它破除教学中的常规化倾向。它支持专业自治。不从事这种实践的人不能教人这种实践能力。如果它能成为自我意识方面的训练，那么它可以改善与学生的关系。尤其是，如果它是系统的，那么它将是发展人的一种道德的自我教育方式。

（三）同事之间的伙伴合作与团队

虽然"团队"（team）这个词带有强烈的游戏意味，但恰恰是这种自主的个体之间的伙伴关系能够定义我们在机构中的工作。对于教师，实习教师和整个行业的领导者而言，一个变革的系统将提出新的道德要求。这些要求将不是对个人本身，而是对团队或团体中的个人。伙伴关系和协作将涵盖我们的个人和机构的各个方面——与我们的同事，与其他教育机构，以及在教育网络之外的企业和社区（Bracy，1990；Parish，Underwood，& Eubanks，1986－87；Pine & Keane，1990）。

在教室或研讨室中，打破专业隔离的方法有许多，如在初学者中培养合作习惯，在一对一的教学中插入教师辅导，以及合作项目（如在教师研究中推广）。联合任命和联合活动将促进跨组织的合作，例如在专业发展学校，在支持项目的大学，在正在运行的校园项目中。反思性讨论的广泛内容吸引来自不同专业角色的人，轻松地创造着专业对话和交流。这些例子表明，我们可以创造一个统一的专业，但作为一个团队成员，专业从业者接下来要面对什么呢？

专业的教师团队可能提供非常不同的优势和教育风格，与哲学和与其他专业（以及社区和家长）相关的模式。我已经表明需要一个专业社区（参见第二章），但我们需要看看应该如何区分一个合作的专业教师队伍。合作的性质取决于机构。它在不同的地方采取不同的合作形式。

它在公司和团体中也是不同的。强调学校的科层结构（像在一个刻板的公司）似乎疏离了专业人员，培养了对管理人员的依赖感，破坏了自主权，并限制了主动性。强调大学委员会的自治（像在模范共和国中那样）会产生利己主义的联盟和复杂的结构。它伪装成保护学术自由实则为保护私人利益，那么机构的保守性和瘫痪的状况急需改变。强调团队合作结构化不是制度类型，因为它存在于大学、学校部门或年级组等研究团队中。但是，一个团队的最起码的标志是有共同目标、共同决策并相互尊重。它的特征是机构特有的。因此，常规的合作和共和制都不是转型性变革的有效引擎。

在一个教育机构中，如学校、大学或学院，团队合作是恰当的，因为它是转型性的，它是一个每个人都可以将自己定义为学习者的地方。我们需要这种体制框架和文化来促进和丰富教师专业性。这样一个团队的必要性来源于知识的本质和我所描述的实践认识论。所需的组织特征包括用于反思讨论时间，大量的需要学生协同完成任务的考试，以及协作教学。

我们需要重新理解一些问题，如非科层制领导，团队如何构建和不断再激励，以及如何将行政管理建设成为有援助和支持作用且符合效率和保证的专业人员的力量。社区也将被重新定义，使用诸如专业发展学校（学术—从业者合作伙伴关系）和基于现场的管理方式（从业者—管理者合作伙伴关系）等企业来构建新模型。特别是，针对专业人员的不同学习模式提供更为复杂深入的课程评价方式，不能像目前的某些大学课程方案，认为评价不是一个学习的过程，而只是一份报告单。

尤其要说明的是，我们将通过使不同类型的团队合法化来开发一个变革的系统。例如，教师可以正式作为合作伙伴，承包自己出租给公众，就像一家法律公司做的那样。这样的团队还可以扩展到包括商业或社区的一系列导师。一个高中的部门，一个中学团队或一个小学的年级团队是不同的团队。他们有着两种显著的区别：成员通常不能自主选择团队的其他成员；他们也不像一个公司那样自己做决定。相反，在新的变革系统中，他们被简单地视为员工，这两个区别都可以被消除。如果我们开始认为教师在道德和专业上是自主的，那我们将迎来新的就业形式和新的法律形式的教师组织。然而，无论与学校的内部关系如何，机构间的伙伴关系在转变的系统中是至关重要的。

（四）机构间的伙伴关系

婚姻是制度化伙伴关系的典型例子。它具体的工作方式是，人们必须将自己的目标屈从于另一个人一起的共同目标，因为合作伙伴关系要求人根据适当的分析和评估，从根本上为了这个共同目的而改变自己的行为活动。教育方面出现了商业和教育专业工作的共同目标，这不仅仅是因为对儿童的学习成绩的关注，而且也因为这种认识，社会生活的复杂性和知识的激增使学校无法满足公众对其学校的那些要求（参见第二章，关于倡导大学和学校融合的讨论）。伙伴关系不仅需要在具有核心执行力的学校董事会上的象征性的表现形式，而且还需要互利互惠的实践活动。在教育中，伙伴关系的特征可以分为以下四个层次：

（1）一般—边缘的伙伴关系（general-marginal）：商业机构支持那些对于学校而言属于边缘性的任务，例如"收养学校"（adopt-a-school）活动。

（2）具体—边缘的伙伴关系（special-marginal）：商业机构资助或支持共同运作的活动和课程，但这些仍是边缘性的任务。例如，职业教育的学生与他们的教师一起建造房屋，商业机构也参与其中，然后出售房屋。

（3）融合—中心的伙伴关系（mainstream-central）：商业机构支持共同运作的融合活动。例如，科学家、工程师联合教师，重构和教授一门物理课程。

（4）转型—中心的伙伴关系（transformative-central）：通过合作关系实现合伙人的转型。例如，某个商业机构作为学习型组织，寻求教育机构的伙伴关系，让教育机构参与其活动，它可以通过支持中小学教师，并在该机构所管理的时间和场所内运作一个项目来培训员工，用它自己的教育责任来促进自身的转型。这些员工都是中小学教师的家长。

我想可以根据上述分类来评价各种紧密的伙伴关系。当然，同样的分类也适用于学校和大学之间的关系，包括教育学院。例如，在很多年里师范生的教育一直是在中小学里建立第二种类型的伙伴合作，即具体—边缘的伙伴关系。教师专业发展学校当属第三种类型（融合—中心）。它们是否会达到四种层次类型，实现学院或大学，以及中小学的转型，仍有待观察。扎根于中小学的硕士学位方案（参见第三章）将达到第四个层次，实现中小学和大学的变革，特别是通过团队招聘和伙伴式评价（partnership evaluation）的特色做法。这种类似的分析也可以对商业和大学商学院或医院及志愿者组织进行。

通过伙伴合作来形成的转型性自我意识检验需要这种分析框架来检查问题。

（五）个人与系统关系的转型

为什么学区如此自然而然地以科层制，而非伙伴关系的方式出现？我们已经看到近几年教育行政部门与教育机构呈敌对关系的发展，这种敌对关系产生于长期存在的、却在在工商业中已过时的问责制。这似乎是非常自然的，特别是，当一个学区恰好与一个真正的社区重合的时候，因为教育是共有的、合作的事业。教师工会和学校董事会，与不同肤色的政治家们认为，如果治理不是公然可见的，那么治理是如同考试分数一样的重要难题。

然而，在一个转型系统中，机构将会以个别化而非其他方式来建立。最原初的个体，当然莫过于顾客或者消费者——孩子，他们是机构所设计的服务对象。然而，在这样一个体系中，了解教师的生涯发展和专业生活，以及顾客的教育需求，都将有助于建设所需的机构。我们暂且搁置如何创建治理改革所需的共同体机制的问题，一位在这种转型的系统中编制生涯发展的教师应会期待以下几点：

（1）一个系统（包括独立学校，专业组织和大学）将会有一个连贯的生涯概念，它将会对教师成长和发展做出实际的明智的决定，并为他们提供方案。生涯概念的确立，将通过与相关团体和个人的广泛的伙伴合作而实现，尤其是要意识到诸如性别等问题（Hollingworth，1992；Laird，1988）。

（2）大学、学院或中小学里的每位新任教师、有经验的教师，都能采用这种模式，获得机会和指导去构建自身生涯发展的框架，并能获得帮助而有能力去编制自己的专业生涯。

（3）该系统会给每一个专业人员提供一个导师而不是主管，导师的工作是提供指导，帮助教师个体与生涯框架中的一个或多个要素建立关系，这个生涯框架具有促进就业的永久特征。个人能自行选择自己的导师。

（4）个人能运用"创造性契约"（creativity contracts）（Boyer，1990），协商自身的生涯发展规划。这种契约将契约责任与对自身专业成长的调适进行了整合。更大的个人自主权和责任感，以及持续的深刻目的的意识，将受到珍视与期许。如同我们已经看到的那样，杰米·埃斯卡兰特，为那种自主和责任而战斗并最终获得。

（5）个人能生涯框架（参见第二章提供的模型）之下，有责任参与系统所提供的发展规划的设计与评价，因为所有人的专业发展是我们的责任，就像我们的雇主负责自己的专业发展一样。生涯发展将被视为鼓励个体尝试的生涯框架的扩展，它需要具体化，比如有具体内容（特殊教育），有行政管理（原则，监督人，院长），或者参与研究（研究人员）。

为治理系统设计固定一致的图纸是不可能的。我们需要建立不同的系统去协调公众对问责的需求与专业人员自治之间的矛盾。

（六）转型性教育领导的使命

教育领导伦理学中的问题涉及领导者的道德品格、他们在机构中创造或维持的道德风尚、领导力的道德品质，以及他们用来认知或实现教育目的手段的道德效力。古德莱德区分了转型性领导者与事务性领导者。事务性领导者是一个"务实的会试图说服工人的权利型领导人，如果组织的需求得到满足的时候他们的需求也将得到满足"（Goodlad，1990：138）。然而转型性领导，会拣选自己的追随者并充分促进他们的发展，建立"将追随者（员工）转化为领导者，并可能将领导者转化为道德实践者（moral agents）的某种相互激励和教育的关系"（Goodlad，1990：139）。然而，在现代大学中，既不存在科层式的官僚制度（在大多数学校里存在的那种情况），也不存在转型性的民主制度。

古德莱德相信转型性领导会取得成功，因为如同洛尔蒂（Lortie，1975）对中小学教师的描述，发现在教师教育者中有对改进中小学的深层责任意识，即使这种责任意识似乎与许多机构的修辞和官方文化相矛盾。为了发展这种责任意识，他总结说，所需要的是"有不寻常魅力和转型性领导者能够感知来自大学外的责任的道德要求的本质，还能减少歧义，增加可预测性，并且在内部给下属员工提供方向"（Goodlad，1990：142）。这些人有着道德德性、毋庸置疑的勇气，以及有能力参照持久的道德框架去生活和工作。

在教育上，商业和商业人士的兴趣与日俱增，他们仁慈又关切的一部分原因也是由于自身的利益。教育者在创新管理和商业领导实践中有很多东西需要去学习。这样的一种哲学被不同地标记为"全面质量管理"或"连续改进过程"。它有几个支持者,最著名的就是爱德华兹·戴明(W. Edwards Deming),和一系列教育指数(M. Walton, 1991)。这种管理实践包含一种道德上重要的战略,对想要成为转型性领导者,在界定转型性领导者的道德责任上揭示道德的必要性。就像马尔切斯(Marchese, 1991)描述戴明的14个观点一样,它们不是以新的正统观念为框架的管理工具,而是对美国企业改革领导力的呼吁。其五个突出特点与教育领导力密切相关:

(1)全面关注于质量,不仅仅是花言巧语或宗旨声明,而是将组织作为一种心态渗透并融入战略规划。

(2)以客户为导向,即明确识别客户及其需求,以及对满足这些需求的深刻承诺。

(3)对组织的每个方面持续改进的承诺,尤其是服务或产品,通过数据和详细的、最新的、相关的(通常是统计)的信息来管教。

(4)在所有活动和层次上,通过团队合作分担责任,这意味着从组织中消除恐惧,赋予个人权力,特别是以大规模、持续的培训和教育作为公司的首要任务。

(5)领导能力提供愿景,倾听,实现以人为本的改进,并且耐心追求长期目标。

质量嵌入到机构中的一切——关系、内在偏差(性别或种族)的破坏、承诺、生产力、开发创新所需的时间、规划等等。转型性领导者的伦理责任是培养质量意识,以及只接受最好的,其中包括社会道德感。转型性领导者也必须培养对机构客户的感觉。在教育中,要定义我们的客户——独立的有个人思想的孩子——需要询问自己如何让孩子出现在我们的机构结构中,机构性的判断如何受到儿童严重的影响,以及敏感的教师教育者如何对待学生(也是部分客户),使他们用道德的方式对同事和孩子承担责任。转型性领导者的另一个任务是如何引入改进的文化,而不仅仅是满足于现有文化并继续重复现有的标准。有效地做到这样意味着接受失败是一个值得注意的常态,作为教育实践的持续改进可能会对我们的评价形式造成严重的破坏。

这种领导的概念不是操纵技能的问题。它转化为以下道德要求，良性的转型性领导者将遵守下列要求：

（1）促进对顶级品质的承诺，作为一种道德观念和道德态度。

（2）创造一个框架和一些内容，其中持续改进是一个目标和义务，并确保这一进程是由信息驱动的，而不是偏见。

（3）通过团队合作发展相互的义务、信任和关怀，并促进对该机构福利承担责任。

在道德框架中的一些术语，诸如质量、改进、义务、信任、关爱和团队合作，反映了个人工作的道德理解概念转变的深度。

（七）教师教育的转型

如果变革的系统要有效地完全放弃通过心理学的构造和概念构建的教学，教师教育的任务将变得相当重——特别是关于道德承诺和教育动机的发展，道德风气，理性氛围，关怀和联通，以及性别和种族问题。

1. 承诺，动机，以及道德风气

教师教育的学生将在哪里获得专业的道德教育？（Ryan，1987；Beyer，1991）以下这些宽泛的原则似乎是核心：

（1）职前师范生会被给予一致的机会自觉地面对自己的教学动机——无论是在较为隐秘的个别辅导教室里，还是在研讨会这类公共场合中。

（2）学生在课堂上的表现将不会被作为获取专业资格的要求。

（3）学生将依据他们在自己班级的公开经历来考察他们自己。他们将坦率讨论他们的教学行为和方向，在特定课程中表现出他们的风格，以及他们希望在年轻人群体中度过他们的专业生活。

（4）年轻教师将会通过帮助来查看他们的专业情况，需求持续一致的建议、支持，以及其他人的批判性评价；特别是，他们将通过帮助来重视那些批评性评价。

用道德语言表达对道德问题的关注将会是核心问题。实习教师应该培养对合作支持的重要性的认识，但也应该成为一个能创造信任感的人。这可能是通过人格的力量，但这也表现在行为特征，例如坚持明确表述内容，守时，

耐心等待，等等。一个学生保留他或她的话，不仅仅是对班级做的一个承诺，在承诺的细节上，在教室和职业习惯基础上，可培养起忠诚、关心和友好等其他一些品质。分享自我批判的经验是对创造信任和忠诚做的努力。没有发展这种专业的感觉，相对于能力而言，他们将不会获得最初专业动机的要求。

这是伦理的动机方面。该问题，就如洛尔蒂所表明的"社会化在教学中主要是自我社会化：个人的个人倾向不仅是相关的，而且事实上，也是成为教师的核心"（Lortie, 1975: 79）。个人特性必须被考查，比如个人选择职业的智慧，以及工作的需求和个人配置之间的适应性（Williams, 1987）、气质、个性和能力，需要考虑个人想要什么，他们能够做什么以及什么是值得期望的（参见第七章）。有效的教师教育需要一种情境，在这种情境中关注言语行为背后的道德投射。正如科根所说，"教师制定适当行为和教学绩效的标准，作为先天道德倾向与通过教育和社会化的产物，它们是外部形式的影响"（Kogan, 1986: 31）。但是，教师教育课程能否为我们提供类似伊丽莎白·贝克这样的同事，以及她的先天道德倾向的知识？事实上，可能不行。在强大的道德背景下重塑教师教育，可能可以。

对于实习老师来说，教师教育的环境主要是在工作场所中。对于正式上岗前的老师来说，学校和大学都是学习教学的所在地。根据课程塑造的例子和教育工作者提供的例子，这些机构的道德风气对于职业任务和责任而言很重要。

2. 教师教育的理性氛围

在整本书中强调道德可能被误解为强调我们对彼此的看法。虽然我们的情绪在我们的道德行为中是非常重要的（Peters, 1979b），但如果我们要接受道德教育，我们必须有坚忍不拔的理智来进行道德论证。美国公立学校（和教师教育）似乎对某些事物存在反理智倾向（anti-intellectual）（Finn & Ravitch, 1987）。所有年龄的儿童似乎没有参与与观念较劲的过程。大多是通过教科书的中介获得知识（Tanner, 1988）。这种"严谨"的方式存在危险，它接近于智力棋盘游戏的那种严谨以及许多测试的反理智特性，像在他们心理构造中根植的那样，可能是原因（Madaus, 1988）。有时，人们似乎认为音乐会上小提琴家在演奏他的技巧，而不是实际地演奏音乐，或者音乐家的测试在于演奏音阶的能力。

理智的严谨要求为思想而追求思想——如同一种生活方式。教师和学生可以追求事物的真理，而非简单地接受它。然而，诸如测试，社会风气，学校的期望等等因素可以结合起来，使得教师容易对缺乏严谨性持宽容态度。教师的制度化权力与学生缺乏资源对这种权力影响作出理智抵抗的结合，迫使教师肩负一种特殊责任去培养学生具有坚忍不拔的心灵，以及教师作为专业人员需表达正确的信仰（Quinton, 1987）。汤姆、埃斯卡兰特和约翰·基廷证明了这一点，但它对民主的重要性是显而易见的。自由和作为一个自由的人依靠挑战接受的和被追求的真理而存在（Peters, 1979b）。在知识驱动型社会中，当然这是必要的，因为知识比任何东西都有价值。

为了获得严谨的能力，学生将不断去实践。他们将得到老师的帮助去挑战，而不是寻找什么工作或为得到 A 等评价。他们将经历刺激，理智的激发和挑战。学生那种"自我感觉良好"的贬低概念将会消失，因为没有什么可以自我感觉良好，如果你有这样一个教育经验，将发展如同唐老鸭的心灵，如同人形蛋的身体以及像兔八哥一样的性格。追求严谨和艰苦奋斗的决心是获得自尊以及能面对教育和社会挑战的批判性思维的重要途径。如果实习教师不能成为有批判性思维的成人，他们就不能为他们教育的人提供榜样，他们也不会成为民主所依赖的自由人民（White, 1986），作为教师，他们承担特殊的责任。

3. 关怀和联通

但是这个转型的系统将找到方法去创造关怀，而非监护式的教育性的机构。因此，实习教师和他们的客户，特别是父母或者监护人的对话将会被框在一个关怀和联通的伦理中。我们要避免出现这样对话的危险，类似于销售人员之间的练习，其中信任是被操纵的，而非建立在一个对想法和关注敏感的相互意识上。这些技能只有在更广泛的道德目的中才是有价值的——帮助父母或其他人与学校在寻找适合孩子最好的方式上达成一致（参见第四章）——如果他们能够在没有情感的情况下传达关怀的情感。

4. 性别与种族

性别和种族将是教师教育中普遍的主要的议题，主要是因为我们是通过我们的性别和种族获得个人特征的，并且因为我们的社会将变得越来越多民族化。打算从事教学的学生应该与不同性别和种族的人相互交流，因为每个人的道德和人格不是一种抽象的现象。它只能在我们性别和种族的物理现实中被连贯地理解，这可以给我们自己一个道德平衡。对这些问题的详细分析和参与需要对性别和所有种族有一定的道德理解。鉴于我们社会中性别歧视和种族主义的普遍性，与同事、学生、家长和社区的道德适当关系的发展是教师作为一个道德上自主和没有偏见的个人发展的一个组成部分，虽然我们知道我们的教养，无论我们的民族特性是什么，都会在我们身上留下痕迹和真正的偏见。我们目前对教师道德教育的安排似乎是假定偏见不存在，而非普遍存在，我们缺乏能够处理偏见的道德教育学。自我肯定的女权主义教育学（Hollingsworth，1992）的一个巨大优势是，它解放了所有的学生和教师，让他们能自由讨论性别。

三、结语

转型的目的是我们的专业素养和我们自身作出根本且具体的变革。我与许多其他人一起不断参与实验，通过寻求为教育工作者发展新角色、开发新产品、建立新系统、形成新方法和丰富新经验来提高教师的专业水平。

我似乎在两种模式下工作。一种模式可以被描述为制度创新。在这种模式下，我花大量时间与商业人士或管理员合作。通过创建各种不同关系的网络，我们探究如何建立合作伙伴关系。我在这部分工作中所关注的是这些问题：

（1）如何说服政治家和官僚者打破阻碍教师创造力的限制？
（2）非教育组织在促进合作关系方面有什么样合法的利益？
（3）怎样的学校社区治理制度能够促进教育？

另一种是反思性的且实用的教学和写作模式。这一种模式中，我寻找框架脉络和自己的困境。例如，我已经关注这些问题：

（1）我们如何恢复父母代理人的概念？

（2）当我教会如何适当照顾机构时，监管机构会有什么变化？

（3）我们如何从我们自己的工作场所开始，来面对种族和性别偏见？

我认为，我此生的专业工作的这两个部分是一致的，虽然我对我所看到的我们在公立教育专业化的挑战感到失望。但至关重要的是，我们不允许自己被他们击败。这意味着教育工作者个人必须采取紧急行动，抛弃我们许多的传统；开放我们自己和我们的机构，建立真正的合作关系，以及定义我们自己——无论我们的地位如何——作为一个共同的专业事业的一部分。在我们这样做的时候，我们将在讨论的核心找到四个主要主题：我们的共同体是什么，我们的专长是什么，我们职责的性质是什么，以及我们的最终目的是什么。对于道德的专业人员而言，这些都是基础性的议题。严肃地参与这些议题的讨论是不能再等待的。

参考文献

American Psychological Association. (1983). *Ethical guidelines for the teaching of psychology in the secondary school*. Washington. DC: Author.

American Sociological Association. (1984). *Code of ethics*. Washington. DC: Author.

Arnstine, B. (1990). Rational and caring teachers: Reconstructing teacher preparation. *Teachers College Record*. 92 (2). 230—248.

Bailey, C. H. (1984). *Beyond the present and the particular: A theory of liberal education*. London: Routledge & Kegan Paul.

Barrow, R. (1982). *Injustice, inequality and ethics*. Brighton, England: Wheatsheaf.

Barry, B. (1965). *The liberal theory of justice*. Oxford, England: Oxford University Press.

Barry, B. (1973). *Political argument*. London: Routledge & Kegan Paul.

Barth, R. (1988). School: A community of leaders. In A. Lieberman (Ed.), *Building a professional culture in schools* (pp. 129—148). New York: Teachers College Press.

Bateson, C. M. (1989). *Composing a life*. New York: Plume.

Becher, R. A., Eraut. M. J., & Knight, J. (1979). *Policies for educational accountability*. London: Heinemann.

Belenky, M. F., Clinchy, B. M., Goldberger, N. R, & Tarule, J. M. (1986). *Women's ways of knowing*. New York: Basic Books.

Bell, D. (1973). *The coming of the post-industrial society*. New York: Basic Books.

Bellah, R. N., Madsen, R., Sullivan, W. M., Swidler, A., & Tipton, S. M. (1985). *Habits of the heart*. New York: Harper & Row.

Bennett, J. (1964). *Rationality*. London: Routledge & Kegan Paul.

Bettelheim, B. (1977). The *uses of enchantment*. New York: Vintage.

Beyer, L. E. (1991). Schooling, moral commitment and the preparation of teachers. *Journal of Teacher Education*, 42 (3). 205—215.

Bloom, A. (1987). *The closing of the American mind*. New York: Simon & Schuster.

Bloom, B. S. (1971). Mastery learning and its implications for curriculum development. In E. Eisner (Ed.), *Confronting curriculum reform* (pp. 17—49). Boston: Little, Brown.

Bok, D. (1982). *Beyond the ivory tower: Social responsibilities of the modern university*. Cambridge, MA: Harvard University Press.

Bok, S. (1978). *Lying: Moral choice in public and private life*. New York: Pantheon.

Boyd, W. L., & Walberg, H. J. (Eds.). (1990). *Choice in education: Potential and problems*. Berkeley: McCutchan.

Boyer, E. L. (1983). *High school*. New York: Harper & Row.

Boyer, E. L. (1990). *Scholarship reconsidered: Priorities of the professoriate*. Princeton, NJ: Carnegie Foundation for the Advancement of Teaching.

Boyer, E. L. (1991). *Ready to learn: A mandate for the nation*. Princeton, NJ: Carnegie Foundation for the Advancement of Teaching.

Bracey, G. W. (1989). Why so much education research is irrelevant, imitative and ignored. *American School Board Journal*, 70 (7), 20—22.

Bracey, G. W. (1990). Rethinking school and university roles. *Educational Leadership*, 47 (8), 65—66.

Bracey, G. W. (1991). Why can't they be like we were? *Phi Delta Kappan*, 73 (2), 104—118.

Brandon. E. P. (1987). *Do teachers care about truth?* London: Allen & Unwin.

Bruner, J. (1974). *The process of education*. New York: Vintage.

Buchmann, M. (1990). Beyond the lonely, choosing will: Professional development in teacher thinking. *Teachers College Record*, 91 (4), 481—508.

Calfee, R. (Ed.). (1987). *The study of Stanford and the schools: Part II: The research*. Stanford University: School of Education.

Carnegie Forum on Education and the Economy. (1986). *A nation prepared: Teachers for the twenty-first century.* Hyattsville. MD: Carnegie Foundation.

Carr, W. (1986). Theories of theory and practice. *Journal of Philosophy of Education.* 20 (2), 176—186.

Carr-Saunders. A. M. , & Wilson, P. A. (1964). *The professions.* London: Cass.

Choppin, B. (1982). Is education getting any better? *British Educational Research Journal.* 7 (1). 3—17.

Chubb, J. E. , & Moe, T. M. (1990). *Politics, markets and America's schools.* Washington, DC: Brookings Institute.

Clandinin, J. , & Hogan, P. (1991). *Collaboration as improvisatory art guided by an ethic of caring.* Unpublished manuscript.

Clark, C. M. , & Peterson, P. L. (1986). Teachers' thought processes. In M. C. Wittrock (Ed.), *Handbook of research on teaching* (pp. 255—296). New York: Macmillan.

Clark, R. M. (1983). *Family life and school achievement: Why poor black children succeed or fail.* Chicago: University of Chicago Press.

Clark. R. W. (1988). School-university relationships: An interpretive view, In K. A. Sirotnik & J. I. Goodlad (Eds.), *School-university partnerships: Concepts, cases and concerns* (pp. 32—67). New York: Teachers College Press.

Clifford, G. , & Guthrie, J. W. (1990). *Ed school.* Berkeley: University of California Press.

Coleman, J. S. , & Husen, T. (1985). *Becoming adult in a changing society.* Paris: Center for Educational Research and Innovation, Organization for Economic Cooperation and Development.

College Board, Educational Equality Project. (1983). *Academic preparation for college: What students need to know and be able to do.* New York: Author.

Corey, S. (1953). *Action research to improve school practices.* New York: Teachers College Bureau of Publications.

Corwin, R. G. (1965). Teachers as professional employees: Role conflicts in the public schools. In R. G. Corwin (Ed.), *A sociology of education* (pp. 217—264). New

York: Appleton-Century-Crofts.

Cremin, L. (1989). *Popular education and its discontents*. New York: Harper & Row.

Cusick, P. (1983). *The egalitarian school and the American high school*. New York: Longman.

Cusick, P., & Wheeler, C. W. (1988). Educational morality and organizational reform. *American Journal of Education*, 96 (2), 231—255.

Darling-Hammond, L. (1988). Policy and professionalism. In Ann Leiberman (Ed.), *Building a professional culture in schools* (pp. 55 — 78). New York: Teachers College Press.

Darling-Hammond, L. (1990). Accountability for professional practice. *Teachers College Record*, 91 (1), 59—80.

Darling-Hammond, L., & Berry, B. (1988). *The evolution of teacher policy*. Washington, DC: Rand Corporation.

Davies, H. M., & Aquino, J. T. (1975). Collaboration in continuing professional development. *Journal of Teacher Education*, 26, 274—277.

Dearden, R. F., Hirst, P. H., & Peters, R. S. (Eds.). (1973). *Education and the development of reason*. London: Routledge & Kegan Paul.

Derber, C. (1982). *Professionals as workers: Mental labor in advanced capitalism*. Boston: Hall.

Downie, R. S. (1990). Professions and professionalism. *Journal of Philosophy of Education*, 24 (2). 147—161.

Downie, R. S., Telfer, E., & Loudfoot, E. (1974). *Education and personal relationships*. London: Methuen.

Dray, W. H. (1964). *Philosophy of history*. Englewood Cliffs. NJ: Prentice-Hall.
Dunn, J. (1980). *Western democratic theory in the face of the future*. Cambridge, England: Cambridge University Press.

Durkheim, E. (1951). *Suicide*. Glencoe, IL: Free Press (Original work published 1897).

Eames, S. M. (1970). Dewey's theory of valuation. In J. A. Boydston (Ed.),

Guide to works of John Dewey (pp. 183—200). Carbondale, IL: Southern Illinois Press.

Education Commission of the States. (1983). *Task Force on Education for Economic Growth*. Denver: Education Commission of the States.

Egan, K. (1986). *Individual development and the curriculum*. London: Hutchinson.

Ehrenreich, B., & Ehrenreich, J. (1979). The professional-managerial class war. In P. Walker (Ed.), *Between labor and capital* (pp. 173—192). Boston: South End.

Eisner, E. (Ed.). (1985). *Eighty-fourth yearbook of the National Society for the Study of Education. Part II: Learning and teaching the ways of knowing*. Chicago: University of Chicago Press.

Elkind, D. (1984). *All grown up and nowhere to go*. Reading, MA: Addison-Wesley.

Elliott, J. (1991). *Action research and educational change*. Buckingham, England: Open University Press.

Elliott, J., & Adelman, C. (1974). *The Ford Teaching Project*. Norwich, England: Center for Applied Research in Education, University of East Anglia.

Elliott, J., & Adelman, C. (1983). Reflecting where the action is. *Education for Teaching*. 92, 8—20.

Elliott, J., Bridges, D., Ebbutt, D., Gibson, R., & Nias, J. (1975). *School accountability*. London: Grant McIntyre.

Emmett, D. (1958). *Function, purpose and powers*. London: Macmillan.

England. H. (1986). *Social work as art*. London: Allen & Unwin.

Feiman-Nemser, S., & Floden, R. E. (1986). The cultures of teaching. In M. C. Wittrock (Ed.), *Handbook of research on teaching* (pp. 505—527). New York: Macmillan.

Fenstermacher, G. D. (1986). Philosophy of research on teaching: Three aspects. In M. C. Wittrock (Ed.), *Handbook of research on teaching* (pp. 37—50). New York: Macmillan.

Finn, C. E. (1991). *We must take charge: Our schools and our future*. Glencoe, IL: Free Press.

Finn, C. E., & Ravitch, D. (1987). *What do our 17-year-olds know?* New York: Harper & Row.

Fox, J. (1990). *The impact of research on education policy* (OR 980-522). Washington, DC: Office of Educational Research and Innovation, US Department of Education.

Frankena, W. K. (1963). *Ethics*. Englewood Cliffs, NJ: Prentice-Hall.

Freedman, S. (1990). *Small victories: The real world of a teacher, her students and their high school*. New York: Harper & Row.

Freeman, M. D. A. (1983). *The rights and wrongs of children*. Dover, NH: Pinter.

Friedman, M. (1972). *Capitalism and freedom*. Chicago: University of Chicago Press.

Gilligan, C. (1979). Woman's place in man's life cycle. *Harvard Educational Review*, 49 (1). 431-446.

Gilligan, C. (1982). *In a different voice: Psychological theory and women's development*. Cambridge, MA: Harvard University Press.

Gilligan, C., & Attanucci, J. (1988). Two moral orientations: Gender differences and similarities. *Merrill-Palimer Quarterly*, 34 (3), 223-237.

Gilligan, C., Lyons, N. P., & Hammer, T. (1990). *Making connections: The relational world of adolescents at Emma Willard School*. Cambridge, MA: Harvard University Press.

Gitlin, A. (1990). Understanding teaching dialogically. *Teachers College Record*, 91 (4), 537-561.

Goldman, A. H. (1980). *The moral foundations of professional ethics*. Totowa, NJ: Rowman & Littlefield.

Good, T. L., & Brophy, J. E. (1986). School effects. In M. C. Wittrock (Ed.), *Handbook of research on teaching* (pp. 570-605). New York: Macmillan.

Goodlad, J. I. (1984). *A place called school: Prospects for the future*. New York: McGraw-Hill.

Goodlad, J. I. (1990). *Teachers for our nation's schools*. San Francisco: Jossey-Bass.

Goodlad, J. I., & Sirotnik, K. A. (1988). The future of school-university partnerships. In K. A. Sirotnik & J. I. Goodlad (Eds.), *School-university partnerships: Concepts, cases and Concerns* (pp. 205—224). New York: Teachers College Press.

Gouldner, A. (1978). The new class project. *Theory and Society*, 6 (2), 89—99.

Gowin, D. B. (1981). *Educating*. Ithaca, NY: Cornell University Press.

Graham, P. A. (1983). An exciting and challenging year. *Harvard Graduate School of Education Association Bulletin*, 28 (1), 2—3.

Graham, P. A. (1991). What America has expected of its schools over the past century. Address to Benton Center Conference on Democracy and Education, University of Chicago.

Grant, G. E. (1988). *The world we created at Hamilton High*. Cambridge. MA: Harvard University Press.

Grant, G. E. (1991). Ways of constructing classroom meaning. *Journal of Curriculum Studies*, 23 (5), 397—409.

Graves, R. (1966). *Goodbye to all that*. Harmondsworth: Penguin.

Greene, M. (1986). Philosophy and teaching. In M. C. Wittrock (Ed.), *Handbook of research on teaching* (pp. 479—505). New York: Macmillan.

Greer, P. (1990). *The Boston University-Chelsea Public Schools first annual report*. Boston: Boston University.

Griffin, G. R. (1986). Clinical teacher education. In J. V. Hoffman & S. A. Edwards (Eds.), *Reality and reform in clinical teacher education*. New York: Random House.

Gudmundsdottir, S. (1991). Ways of seeing are ways of knowing. The pedagogical content knowledge of an expert English teacher. *Journal of Curriculum Studies*, 23 (5), 409—423.

Guttmann, A. (1987). *Democratic education*. Princeton, NJ: Princeton University Press.

Halberstam, D. (1990). *The next century*. New York: Morrow.

Hall, S., & Clark, C. M. (1991). Real lessons from imaginary teachers. *Journal of Curriculum Studies*, 23 (5), 429—435.

Hall, S., & Grant, G. E. (1991). On what is known and seen: A conversation with a research participant. *Journal of Curriculum Studies*, 23 (5), 423—429.

Hamlyn, D. W. (1970). *The theory of knowledge*. London: Macmillan.

Hare, R. M. (1962). *The language of morals*. Oxford, England: Clarendon.

Hargreaves, A., & Dawe, R. (1989). *Coaching as unreflective practice: Contrived collegiality or collaborative culture*. Unpublished manuscript, American Educational Research Association, San Francisco.

Harre, R. (1983). *Personal being*. Oxford, England: Blackwell.

Harre, R., & Secord, P. F. (1972). *The explanation of social behavior*. Oxford, England: Blackwell.

Hart, H. L. A. (1961). *The concept of law*. Oxford, England: Oxford University Press.

Haydon, G. (Ed.). (1987). *Education and values*. London: University of London Press.

Hess, G. A. (1990). *Chicago school reform: What it is and how it came to be*. Chicago: Chicago Panel on Public School Policy and Finance.

Hill, P. T., & Bonan, J. (1991). *Decentralization and accountability in public education*. Santa Monica, CA: Rand Corporation.

Hill, P. T., Foster, G. E., & Gendler, T. (1989). *High schools with character*. Santa Monica, CA: Rand Corporation.

Hirsch, F. (1977). *The social limits to growth*. London: Routledge & Kegan Paul.

Hirst, P. H. (1972). *Knowledge and the curriculum*. London: Routledge & Kegan Paul.

Hodgkinson, H. (1991). Reform versus reality. *Phi Delta Kappan*, 73 (1), 8—17.

Hollingsworth, S. (1989). Prior beliefs and cognitive change in learning to teach. *American Educational Research Journal*, 26 (2), 160—189.

Hollingsworth, S. (1990). Teachers as researchers: Writing to learn about ourselves and others. *Quarterly of the National Writing Project and the Center for the Study of Writing*, 12 (4), 10—18.

Hollingsworth, S. (1992). Learning to teach through collaborative conversation: A feminist approach. *American Educational Research Journal*, 29 (2), 373—405.

Hollingsworth, S., & Sockett, H. T. (Eds.). (1994). *Teacher research and educational reform*. Chicago: National Society for the Study of Education.

Hollis, M. (1975). My role and its duties. In R. S. Peters (Ed.), *Nature and conduct* (pp. 89—107). London: Routledge & Kegan Paul.

Hollis, M. (1977). *Models of man: Philosophical thoughts on social action*. Cambridge, England: Cambridge University Press.

Hollis, M. (1982). Education as a positional good. *Journal of Philo-sophy of Education*, 16 (2), 235—244.

Holmes, M. (1988). The fortress monastery: The future of the common core. In A. C. Purves & I. Westbury (Eds.), *Eighty-seventh yearbook of the National Society for the Study of Education: Cultural literacy and the idea of general education* (pp. 231—259). Chicago: University of Chicago Press.

Holmes Group. (1986). *Tomorrow's teachers*. East Lansing, MI: Author.

Holmes Group. (1989). *Tomorrow's schools*. East Lansing, MI: Author.

Hoyle, E. (1980). Professionalization and deprofessionalization in education. In E. Hoyle & J. E. Meggary (Eds.), *The professional development of teachers* (pp. 42—57). London: Kogan Page.

Huberman, M. (1988). Teacher careers and school improvement. *Journal of Curriculum Studies*, 20 (2), 119—133.

Huberman, M. (1989). The professional life cycle of teachers. *Teachers College Record*, 91 (1), 31—58.

Illich, I. (1977). *Disabling professions*. London: Boyars.

Institute for Educational Transformation. (1992). *Prototypes for America 2000* (Proposal to the New American Schools Development Corporation). Fairfax, VI: Author.

Jackson, J. A. (1970). *Professions and professionalization*. Cambridge, England: Cambridge University Press.

Jackson, P. W. (1968). *Life in classrooms*. New York: Holt, Rinehart & Winston.

Jackson, P. W. (1986). *The practice of teaching*. New York: Teachers College

Press.

Jackson, P. W. (1987). Facing our ignorance. *Teachers College* Record, 88 (3). 388.

James, W. (1972). *Teacher education and training*. London: Her Majesty's Stationery Office.

Johnson, H. C. (1987). Society, culture and character development. In K. Ryan & G. F. McLean (Eds.), *Character development in schools and beyond* (pp. 59 – 97). Westport, CT: Praeger.

Kean, T. H. (1986). Who will teach? *Phi Delta Kappan*, 68 (4), 205–207.

Kearns, D. (1988). An educational recovery plan for America. *Phi Delta Kappan*, 71 (2), 107–112.

Keating, P. J., & Clark, R. W. (1988). Accent on leadership. In K. A. Sirotnik & J. I. Goodlad (Eds.), *School-university partnerships: Concepts, cases and concerns* (pp. 148–169). New York: Teachers College Press.

Kennedy, J. F. (1956). *Profiles in courage*. New York: Harper & Row.

Kennedy, P. (1987). *The rise and fall of the great powers: Military and economic conflict from* 1500–2000. New York: Random House.

Kirst, M. W. (1984). *Who controls our schools? American values in conflict*. New York: Freeman.

Kirst, M. W. (1991). *Accountability: Implications for state and local policy-makers* (IS 90–982). Washington, DC: Office of Educational Research and Innovation.

Kleibard, H. M. (1988). Fads, fashions and rituals: The instability of curriculum change. In L. N. Tanner (Ed.), *Critical issues in curriculum* (pp. 16 – 34). Chicago: National Society for the Study of Education.

Kleinig, J. (1981). Compulsory schooling. *Journal of Philosophy of Education*, 15 (2), 191–205.

Kogan, M. (1986). *Educational accountability: An analytic overview*. London: Hutchinson.

Kogan, M. (1990). Accountability and teacher professionalism. In W. Carr (Ed.), *Quality in teaching: Arguments for a reflective profession* (pp. 135 – 144). London:

Falmer.

Kohlberg, L. (1981). *Essays on moral development. Volume One: The philosophy of moral development.* San Francisco: Harper & Row.

Kohlberg, L. (1984). *Essays on moral development, Volume Two: The psychology of moral development.* San Francisco: Harper & Row.

Kohn, A. (1991). Teaching children to care. *Phi Delta Kappan*, 72 (7), 496—507.

Kottkampf, R. B., Provenzo, E. F., & Cohn, M. M. (1986). Stability and change in a profession: Two decades of teacher attitudes, 1964—1984. *Phi Delta Kappan*, 559—567.

Kozol, J. (1991). *Savage inequalities: Children in America's schools.* New York: Crown.

Krimmermann, L. I. (1978). Compulsory education: A moral critique. In K. A. Strike & K. Egan (Eds.), *Ethics and educational policy* (pp. 79 — 105). London: Routledge & Kegan Paul.

Kubey, R., & Csikszentimihalyi, M. (1990). *Television and the quality of life: How viewing shapes everyday experience.* Hillsdale, NJ: Erlbaum.

Labbett, B. (1989). Skillful neglect. In J. F. Schostak (Ed.), *Breaking into the curriculum* (pp. 89—105). London: Methuen.

Laird. S. (1988). Reforming "women's true profession": A case for feminist pedagogy in teacher education? *Harvard Educational Review*, 58 (4), 449—464.

Langford, G. (1978). *Teaching as a profession.* Manchester, England: Manchester University Press.

Lanier, J. E., & Little, J. W. (1986). Research on teacher education. In M. C. Wittrock (Ed.), *Handbook of research on teaching* (pp. 527—550). New York: Macmillan.

Lessinger, L. M., & Tyler, R. W. (1971). (Eds.). *Accountability in education.* Worthington, OH: Charies A. Jones.

Levin, K. (1946). Action research and minority problems. *Journal of Social Issues*, 2, 24—46.

Lieberman, A. (1988). *Building a professional culture in schools*. New York: Teachers College Press.

Lieberman, A., & Miller, L. (1990). Teacher development in professional practice schools. *Teachers College Record*, 91 (1), 105—122.

Lightfoot, S. L. (1978). *Worlds apart*. New York: Basic Books.

Lightfoot, S. L. (1983). *The good high school*. New York: Basic Books.

Little, J. W. (1987). Teachers as colleagues. In V. Richardson-Koehler (Ed.), *The educator's handbook: Research into practice* (pp. 491—519). New York: Longman.

Little, J. W. (1990). The persistence of privacy: Autonomy and initiative in teachers proflessional relations. *Teachers College Record*, 91 (4), 509—536.

Lortie, D. C. (1975). *Schoolteacher*. Chicago: University of Chicago Press.

Lovass, O. I. (1967). A behavioral therapy approach to the treatment of childhood schizophrenia. In J. Hill (Ed.), *Symposia on child development* (pp. 108 — 159). Minneapolis: University of Minnesota Press.

Lyons, N. (1990). Dilemmas of knowing: Ethical and epistemological dimensions of teachers' works and development. *Harvard Educational Review*, 60 (2), 159—181.

Lytle, S., & Cochran-Smith, M. (1990a). Learning from teacher research: A working typology. *Teachers College Record*, 92 (1), 83—103.

Lytle, S., & Cochran-Smith, M. (1990b). Research on teaching and teacher research: The issues that divide. *Educational Researcher*, 19 (2), 2—11.

Macdonald, B. (1977). Hard times: Educational accountability in England. *Educational Analysis*, 1 (1), 18—28.

Macdonald, J. P. (1988). The emergence of the teacher's voice: Implications for the new reform. *Teachers College Record*, 89 (4), 82—90.

MacIntyre, A. (1984). *After Virtue* (2nd ed.). Notre Dame, IN: University of Notre Dame Press.

MacIntyre, A. (1988). *Whose justice? whose rationality?* Notre Dame, IN: University of Notre Dame Press.

Madaus, G. (1988). The influence of testing on the curriculum. In L. N. Tanner (Ed.), *Critical issues in curriculum* (pp. 83 — 122). Chicago: University of Chicago

Press.

Malan, R. (1990). *A traitor's gate.* New York: Atlantic Monthly.

Marchese, T. (1991, November). TQM reaches the academy. *American Association of Higher Education Bulletin*, pp. 3—13.

McKernan, J. (1988). The countenance of curriculum action research: Traditional, collaborative and emancipatory-critical conceptions. *Journal of Curriculum and Supervision*, 3 (3), 179.

McLaughlin, M. W. , & Lee, S. M. (1988). School as a place to have a career In A. Lieberman (Ed.), *Building a professional culture in schools* (pp. 23—45). New York: Teachers College Press.

Mill, J. S. (1950). On the logic of the moral sciences. In E. Nagel (Ed.), *Mill's philosophy on scientific method*. New York: Hafner. (Original work published 1843).

Mischel, T. (Ed.). (1969). *Human action.* New York: Academic.

Mischel, T (Ed.). (1971). *Cognitive development and epistemology.* New York: Academic.

Mischel, T. (Ed.). (1974). *Understanding other persons.* Oxford, England: Blackwell.

Mohr, M. M. , & MacLean, M. S. (1987). *Working together: A guide for teacher researchers.* Urbana, IL: National Council of Teachers of English.

Murdoch, I. (1970). *The sovereignty of good.* London: Routledge & Kegan Paul.

National Board for Professional Teaching Standards. (1989). *Towards high and rigorous standards for the teaching profession.* Detroit: Author.

National Center on Education and the Economy. (1990). *America's choice: High skills or low wages!* New York: Author.

National Commission for Excellence in Teacher Education. (1985). *A call for change in teacher education.* Washington, DC: American Association of Colleges of Teacher Education.

National Commission on Children. (1991). *Beyond rhetoric: A new American agenda for children and families.* National Commission on Children, Washington, DC.

National Commission on Excellence in Education. (1983). *A nation at risk.*

Washington, DC: U. S. Government Printing Office.

National Governors Association. (1986). *Time for results: The governors' 1991 report on education*. Washington, DC: Author.

Nias, J. (1975). The nature of trust. In J. Elliott, D. Bridges, D. Ebbutt, R. Gibson, & J. Nias (Eds.), *School accountability* (pp. 211 — 224). London: Grant McIntyre.

Noddings, N. (1984). *Caring: A feminine approach to ethics and moral education*. Berkeley: University of California Press.

Noddings, N. (1988). An ethic of caring and its implications for instructional arrangements. *American Journal of Education*, 96 (2), 215—231.

Oakeshott, M. (1967). *Rationalism in politics and other essays*. London: Methuen.

Oja, S. N., & Smulyan, L. (1989). *Collaborative action research: A developmental approach*. London: Falmer.

Olson, J. (1991). The concept of the expert and its limitations for practice. Unpublished manuscript, Canadian Society for the Study of Education, Kingston, Ontario.

Paley, V. (1984). *Boys and girls: Superheroes in the doll corner*. Chicago: University of Chicago Press.

Parish, R., Underwood, E., & Eubanks, E. E. (1986 — 87). We do not make change: School-university collaboration. *Metropolitan Education*, 5, 44—55.

Patterson, R. W. K. (1979). *Values, education and the adult*. London: Routledge & Kegan Paul.

Peters, R. S. (1966). *Ethics and education*. London: Allen and Unwin.

Peters, R. S. (1979a). Michael Oakeshott's philosophy of education. In R. S. Peters (Ed.), *Psychology and ethical development* (pp. 433—457). London: Allen & Unwin.

Peters, R. S. (1979b). *Psychology and ethical development*. London: Routledge & Kegan Paul.

Phenix, P. H. (1964). *Realms of meaning*. New York: McGraw-Hill.

Piaget, J. (1968). *Play, dreams and imitation in childhood*. London: Routledge & Kegan Paul.

Pincoffs, E. L. (Ed.). (1975). *The concept of academic freedom*. Austin:

University of Texas Press.

Pine, G. J., & Keane, W. G. (1990). School-university partnerships: Lessons learned. *Record in Educational Administration and Supervision*, 11 (1), 19.

Polanyi, M. (1960). *Personal knowledge*. Oxford, England: Oxford University Press.

Postman, N. (1984). *The disappearance of childhood*. New York: Dell Publishing Co.

Power, C., Higgins, A., & Kohlberg, L. (1989). The habit of the common life: Building character through democratic community schools. In L. P. Nucci (Ed.), *Moral development and character education: A dialogue* (pp. 125—145). Berkeley: McCutchan.

Price, C. W. (1922). Ethics of the mechanical engineer. *Annals of the American Association of Political and Social Science*, 101 (73), 71—84.

Pring, R. A. (1972). Bloom's taxonomy: A philosophical critique II. *Cambridge Journal of Education*, 2, 1—11.

Quinton, A. (1987). On the ethics of belief. In G. Haydon (Ed.), *Education and values* (pp. 37—55). London: University of London Press.

Rawls, J. (1963). A sense of justice. *The Philosophical Review*, 62, 281—305.

Rawls, J. (1972). *A theory of justice*. Oxford, England: Oxford University Press.

Reeves, T. C. (1991). *A question of character: A life of John F. Kennedy*. Glencoe, IL: Free Press.

Reynolds, M. C. (Ed.). (1989). *Knowledge base for the beginning teacher*. New York: Pergamon.

Richardson-Koehler, V. (1988). What works and what doesn't. *Journal of Curriculum Studies*, 20 (1), 71—79.

Rogers, D., & Webb, J. (1991). The ethics of caring in teacher education. *Journal of Teacher Education*, 42 (3), 173—181.

Rorty, R. (1989). *Contingency, irony, and solidarity*. Cambridge, England: Cambridge University Press.

Rosenshine, B. V. (1971). *Teaching behaviors and student achievement*. Slough, England: National Foundation for Educational Research.

Rudduck, J. (1991). *Innovation and change*. Buckingham, England: Open University Press.

Ryan, K. (1987). The moral education of teachers. In K. Ryan & G. F. McLean (Eds.), *Character development in schools and beyond* (pp. 358—380). Westport, CT: Praeger.

Ryle, G. (1963). *The concept of mind*. Harmondsworth, England: Penguin.

Ryle, G. (1973). Can virtue be taught? In R. F. Dearden. P. H. Hirst, & R. S. Peters (Eds.), *Education and the development of reason* (pp. 434—447). London: Routledge & Kegan Paul.

Sadker, M., Sadker, D., & Klein, S. (1991). The issue of gender in elementary and secondary education. In G. Grant (Ed.), *Review of research in Education* 17 (pp. 269—335). Washington, DC: American Education Research Association.

Sanger, J. (1989). *Awakening a stream of consciousness: The role of the critical group in action-research*. Unpublished manuscript, Norwich City College, England.

Schlechty, P. C., & Whitford, B. L. (1988). Shared problems and shared vision: Organic collaboration. In K. A. Sirotnik & J. I. Goodlad (Eds.), *School-university partnerships: Concepts, cases and concerns* (pp. 191—205). New York: Teachers College Press.

Schön, D. A. (1983). *The reflective practitioner*. London: Temple Smith.

Schön, D. A. (1989). *Educating the reflective practitioner*. San Francisco: Jossey-Bass.

Schrag, F. (1978). From childhood to adulthood: Assigning rights and responsibilities. In K. A. Strike & K. Egan (Eds.), *Ethics and educational policy* (pp. 61—79). London: Routledge & Kegan Paul.

Schrag, F. (1989). Values in educational inquiry. *American Journal of Education*. 97 (2), 171—184.

Shulman, L. S. (1986a). Paradigms and research programs in the study of teaching. In M. C. Wittrock (Ed.), *Handbook of research on teaching* (pp. 3—37). New York: Macmillan.

Shulman, L. S. (1986b). Those who understand: Knowledge growth in teaching.

Educational Researcher, 15 (2), 4—14.

Shulman, L. S. (1987). Knowledge and teaching: Foundations of the new reform. *Harvard Educational Review*, 57 (1), 1—22.

Shulman, L. S. (1988). The wisdom of practice. In D. C. Berliner & B. V. Rosenshine (Eds.), *Talks to teachers: A festschrift for N. L. Gage* (pp. 369—386). New York: Random House.

Shulman, L. S. (1989). Sounding the alarm: A reply to Sockett. *Harvard Educational Review*, 57 (4), 473—481.

Shulman, L. S. (1990). Aristotle had it right: On knowledge and pedagogy (*Occasional Paper* No. 4). East Lansing, MI: Holmes Group.

Silber, J. (1983). *Straight shooting: what's wrong with America and how to fix it*. New York: Harper & Row.

Sirotnik, K. A. (1988). The meaning and conduct of inquiry in school-university partnerships. In K. A. Sirotnik & J. I. Goodlad (Eds.), *School-university partnerships: Concepts, cases and concerns* (pp. 169—191). New York: Teachers College Press.

Sirotnik, K. A., & Goodlad, J. I. (Eds.). (1988). *School-university partnerships: Concepts, cases and concerns*. New York: Teachers College Press.

Sizer, N. F., & Sizer, T. R. (Eds.). (1970). *Moral education*. Cambridge, MA: Harvard University Press.

Sizer, T. R. (1984). *Horace's compromise: The dilemma of the American high school*. Boston: Houghton Mifflin.

Skinner, B. F. (1975). *Beyond freedom and dignity*. New York: Knopf.

Smith, P. (1990). *Killing the spirit: Higher Education in America*. New York: Viking/Penguin.

Sockett, H. T. (1971). Bloom's taxonomy: A philosophical critique I. *Cambridge Journal of Education*, 1 (1), 1—12.

Sockett, H. T. (1980). Educational research and the challenge of continuing education. *Aspects of Education*, 24, 46—53.

Sockett, H. T. (1987). Has Shulman got the strategy right? *Harvard Educational Review*, 57 (2), 208—21.

Sockett, H. T. (1988). Education and will: Aspects of personal capability. *American Journal of Education*, 92 (2). 195—214.

Sockett, H. T. (1989a). A moral epistemology of practice. *Cambridge Journal of Education*, 19 (1), 33—41.

Sockett, H. T. (1989b). Practical professionalism. In W. Carr (Ed.), *Quality in teaching: Arguments for a reflective profession* (pp. 115—135). London: Falmer.

Sockett, H. T. (1989c). Research, practice and professionalism. *Journal of Curriculum Studies*, 2 (1), 97—113.

Sockett, H. T. (1990). Accountability, trust and ethical codes of practice. In J. I. Goodlad, R. Soder, & K. A. Sirotnik (Eds.), *The moral dimensions of teaching* (pp. 224—251). San Francisco: Jossey-Bass.

Sockett. H. T. (1992). The moral aspects of the curriculum. In P. W. Jackson (Ed.), *Handbook of research on curriculum* (pp. 543—569). New York: Macmillan.

Steifels, P. (1979). *The neoconservatives*. New York: Simon & Schuster.

Stenhouse, L. (1970). *The humanities project: An introduction*. London: Heinemann.

Stenhouse, L. (1975). *An introduction to curriculum research and development*. London: Heinemann.

Stenhouse. L. (1982). *Teaching about race relations*. London: Routledge & Kegan Paul.

Stenhouse, L. (1983). *Authority, education and emancipation*. London: Heinemann.

Stout, J. (1988). *Ethics after Babel: The languages of morals and their discontents*. Boston: Beacon.

Strike, K. A. (1991). The moral role of schooling in a liberal democratic society. in G. A. Grant (Ed.), *Review of research in education* 17 (pp. 413—477). Washington, DC: American Educational Research Association.

Strike, K. A., & Soltis, J. F. (1985). *The ethics of teaching*. New York: Teachers College Press.

Sykes, C. J. (1988). *Profscam: Professors and the demise of higher education*. New

York: St. Martins Press.

Tanner, D. (1988). The textbook controversies. In L. N. Tanner (Ed.), *Critical issues in curriculum* (pp. 122—148). Chicago: University of Chicago Press.

Taylor, D. M. (1970). *Explanation and meaning.* Cambridge, England: Cambridge University Press.

Tibble, J. W. (Ed.). (1966). *The study of education.* London: Routledge & Kegan Paul.

Timpane, M. (1975). *Youth policy in transition.* Santa Monica, CA: Rand Corporation.

Tom, A. (1984). *Teaching as a moral craft.* New York: Longman.

Tyack, D. B., & Hansot, E. (1982). *Managers of virtue.* New York: Basic Books.

Urmson, J. O. (1969). Saints and heroes. In J. Feinberg (Ed.), *Moral concepts* (pp. 60—74). Oxford, England: Oxford University Press.

U. S. Department of Education. (1986). *What works: Research about teaching and learning.* Washington, DC: Author.

U. S. Department of Education. (1991). *America 2000: An education strategy.* Washington, DC: Author.

Walker, D. F. (1990). *Fundamentals of curriculum.* New York: Harcourt Brace, Jovanovich.

Walton, D. N. (1982). *Courage: A philosophical investigation.* Berkeley: University of California Press.

Walton, M. (1991). *Deming management at work.* New York: Putnam.

White, P. A. (1986). Self-respect, self-esteem and the school: A democratic perspective on authority. *Teachers College Record*, 88, 95—107.

Wilavsky, B. (1992, Winter). Can you not teach morality in public school? *The Responsive Community*, pp. 46—54.

Williams, B. (1981). *Moral luck.* Cambridge, England: Cambridge University Press.

Williams, B. (1987). The primacy of dispositions. In G. Haydon (Ed.),

Education and values (pp. 56—65). London: University of London Press.

Winch, P. (1968). *Moral integrity*. Oxford, England: Blackwell.

Wittgenstein, L. (1963). *Philosophical investigations* (E. Anscombe, Trans.). Oxford, England: Blackwell.

Zahorik, J. A. (1987). Teachers' collegial interaction: An exploratory study. *The Elementary School Journal*, 87 (4), 384—396.

Zeichner, K. (1991). Contradictions and tensions in the professionalization of teaching and the democratization of schools. *Teachers College Record*, 92 (3), 363—380.

译后记

《教师专业素养的道德基础》一书，是美国乔治梅森大学政策、治理与国际事务学院的教育哲学教授休·索科特博士的学术代表作，也是西方教师专业伦理研究领域中的一部具有国际影响的理论专著。虽然该书成于二十余年前，被西方研究者较多参引，但是国内少有学者提到这本书，师德研究也较少关注索科特教授的研究成果。我们迻译此书的目的就是为了丰富师德研究资源，开阔师德研究的视野。

译著由王凯负责。杭州师范大学教育学院的研究生冯婷、俞姝轶参与了本书部分内容的初译和校对工作，杨婷、朱颖同学参与了部分章节的译校工作。在此，我对他们的辛勤付出表示感谢。我还要感谢福建教育出版社的姜丹、周敏老师帮助解决了本书的版权问题，以及对我拖延交稿的一再宽容。限于业务和文字水平，译文中不妥之处，请读者批评指正。

王　凯

2018年7月

于杭州师范大学仓前校区恕园18幢